城市化与土地资本空间配置

中国城市建设用地指标市场交易研究

魏劭琨◎著

社会科学文献出版社
SOCIAL SCIENCES ACADEMIC PRESS (CHINA)

中文摘要

中国城市化的快速发展导致城市对土地的需求不断增加。但是，当前我国建设用地存在严重浪费、效率低下、局部短缺等现象，以及土地资源区域之间、城乡之间不能流动，建设用地的计划指标管理等诸多问题，这些现象集中表现为我国土地资源的空间配置不均衡。我国土地资源空间配置不均衡的主要原因在于土地没有实现资本化，没有实现市场的充分流动，同时土地的流动也没有与人口流动结合起来。土地资源空间配置不均衡的现象已经严重影响到我国城市化的进一步发展。本书从我国建设用地空间配置不均衡的现象出发，通过分析我国建设用地空间配置不合理的经济原因和制度原因，为我国解决城市发展中的土地问题提供一定思路。

本书首先对土地资本化和土地在经济、城市发展中的作用进行了回顾和分析，比较系统地总结了城市发展过程中土地变化的作用和动力机制；同时从空间经济学的角度分析了土地资源在城市聚集过程中的动力机制以及作用。传统经济学认为土地在城市发展和聚集中是一种离心力，土地的不可流动性阻碍城市的扩大和生产要素的聚集。但是，本文在"中心—外围"模型的基础上增加了土地要素的流动，从而扩展了城市聚集的动力机制，最终得出结论：土地作为一种资本，应该实现充分流动；通过资本化，土地能够成为城市发展的向心力，推动城乡之间生产者和消费者空间均衡的实现，并通过土地资本的流动起到促进城乡发展和完善城市体系的作用。

改革开放以来，我国城市发展取得了巨大的成就，突出表现为城市数量的不断增加、城市人口的快速上升和城市土地面积的不断扩展上。但是，随着我国城市化的进一步加速，未来城市发展对于土地的需求将会进一步加大，城市化带来的土地聚集效应逐步加强，因此应该给予城市发展足够的、合理的土地资源，加快城市发展的进程，提升城市聚集效应的发挥。但是目前我国建设用地存在两个问题，一是城乡之间建设用地空间配置不均衡，二是建设用地使用效率低下。而这些问题的根源在于我国现行的建设用地使用制度落后和不合理。改革开放以来，我国逐步建立了土地有偿使用制度，对于城市建设用地采取土地利用规划、城市建设用地管制和耕地占补平衡等政策。但是建设用地指标分配缺乏区域之间流动性的问题加剧了城市间土地资源的不均衡。

为了解决城市发展中的土地问题，我国很多地方政府积极探索，在现行土地政策之内，创造性地实行了多项土地使用制度改革，已经初步形成了有效调剂区域之间、城乡之间土地资源的区域性土地使用制度。其中，具有代表性的是重庆市的"地票"制度。但是，这些实验和改革还有很多缺陷和不足，主要表现为：建设用地流转依旧局限于区域内部，而没有扩大到全国；城乡之间建设用地流转没有考虑到农村劳动力的转移；建设用地流转还缺乏支持和交易平台；建设用地流转还缺少法律、法规的完善，存在很多设计上的问题；等等。

基于以上的研究，在土地资本化、土地发展权交易和"中心—外围"模型等理论基础上，本文提出解决我国建设用地问题的建议：建立全国范围内建设用地指标交易的市场机制，在市场化、资本化、全国化和流动性的原则下，结合人口的城市化，充分实现建设用地指标在城乡之间、区域之间的合理流动。

关键词： 建设用地指标　土地资本化　聚集经济

ABSTRACT

China's rapid urbanization increases the demand of urban land. But the urban construction land's spatial configuration is not unreasonable, mainly as urban construction land's spatial configuration is not balanced between city and rural area, and between regions. This phenomenon results the shortage of urban construction land more serious, and influence the future development of China's urbanization. In this paper, on the base of China's urban construction land shortage, it analyzes the economic reason and institutional reason of urban construction land shortage, and provide the suggestion of solve the land shortage in China's urbanization.

Firstly, this paper analyzes and reviews the land capitalization and the role of land in economy and urban development; more systematicly summarizes the role and dynamic mechanism of land use change in the process of urban development; and analyzes the dynamic mechanism of land resources in the urban agglomeration process from the perspective of spatial economics. In traditional economics, the land is the centrifugal force in urban development, the non-mobility of land resource obstracts urban development and aggrecation of product factor. But, this paper adds the land resource into the "Center-periphrey" model, extends the dynamicmechanism of the urban agglomeration, and finally gets the conclusion: with the capitalization and securitization, tha land resource can become the centripetal force of urban development, and can accelerate the urbanization.

Since China' reform and opening up, there is great development in urbanization, outstanding performs as the continuous increase in the number of cities, rapid increase in urban population, and the continuous increase in urban land area. But with the futher acceleration of urbanization in China, the land demand of urban development is more and more; the aggregation effert of land in urbanization is gradually strengthening, so it should provide sufficient land resource for urban development, increase the urbanization and promote the aggregation effert of land. But currently China's urban construction land has two problems: one is the shortage of urban construction land and the urban construction land's spatial configuration is not unreasonable; the other is the use sufficient of urban construction land is low. The reason is that the backward of the urban construction land system. Since the reform and opening up, China has gradually established the system of compensated use of land, and and eatablished the land use planning policy, urban construction land use control policy and balance os arable land policy. But there are more problems, such as the backward of urban construction land system, the unreasonable of urban construction land distribution, and the non-mobility of land resource between city and rural area and between regions. These problems aggravate the shortage of China's urban construction land.

In order to solve the shortage of urban construction land, many local governments have the reform in urban construction land system, and have some effect in balance the urban construction land quota between regions and between urban and rural area. Among them, the representative is the compensated use of urban construction land convert quota of Zhejiang Province, and "the land note" of Chongqing City. But these reform still have many defects and deficiencies, the urban construction land flow is still within the region, and not extent to the whole country; the the urban construction land flow between urban and rural area have not considered the transfer of rural labor; the urban construction land market transcation have not the transcation platform; the land law and policy still have problem, ans so on.

With the above research, and on the base of Land Capitalization and Transfer of Land Development Rights, this paper gives the suggestion to solve the shortage of urban construction land: build the urban construction land exchange market, to make the construction land quota can be exchange between regions and between urban and rural area.

KEYWORDS: Construction Land Quota; Land Capitalization; Agglomeration Economy.

目 录
CONTENTS

第一章　导论

第一节　问题提出

一　研究背景

城市化是一个由农业为主的传统乡村社会向以工业和服务业为主的现代城市社会逐步转变的历史过程，具体包括人口职业的转变、产业结构的改变以及土地和地域空间的变化。目前，我国的城市化突出表现为两个方面：一方面，城市化的快速发展导致大量农村劳动力向城市转移，城市人口快速增长；另一方面，承载不断增长的城市人口的区域空间需要不断增长，即城市区域面积要不断增长，这就需要将农业用地转化为城市建设用地。在这两个过程中，都必须以土地作为依托；土地在城市化进程中扮演着非常重要的角色，不论是人口的集聚、产业结构的规模化和调整、基础设施的建设等都需要通过土地资源的合理配置得以实现。因此，构建完善的土地制度，促进土地合理、高效利用，是关系到我国城市化健康、合理发展的关键。

但是，随着中国城市化的快速发展，很多制约城市发展的因素凸现出来。尤其是作为生产要素的土地，更是成为制约我国城市化进一步发展的瓶颈，集中表现为城市建设土地的供给不足、土地使用效率低下、土地资源配置不均等。未来，要加快中国城市化的速度，提高中国城市化的质量，保证城市化对中国经济再次腾飞、实现社会主义现代化和中华民族伟大复兴起到关键作用，需要对土地问题进行深入研究。如何才能在保护耕地的前提下，既能保障城市化发展所需的建设用地，又能够提高土地使用的效率，还要与我国城市化发展的方针相符合。这样的研究对于未来中国的发展具有重要意义。

我国经济快速发展，各种制度不断健全，经济一体化、市场一体化、产业一体化，同时也带来人口的一体化，在这样的背景下，作为城市化重要推动力的土地也应该实现一体化。实现土地的一体化，一方面，可以实现土地资源本身的整合和使用效率的提高；另一方面，也可以配合其他资源的一体化从而实现整体经济、社会的协调发展。

目前我国土地资源的使用过程中还存在很多问题，影响了我国土地资源的一体化进程。这些问题主要表现为以下几个方面。

第一，土地没有实现资本化。土地是一种重要的资本，通过土地的资本化，可以实现土地的充分流动和自然增值，带来社会财富最大化。改革开放以来，我国对土地产权制度和使用制度进行了改革。农村实行了家庭联产承包责任制，将集体土地的所有权和使用权分离；在城市开始对国有土地实行有偿使用，并实行土地使用的市场流转和转让。这些都是土地资本化的具体形式，是逐渐唤醒"沉睡资本"的必要步骤。正是当时的土地资本化，以及土地资本化产生的红利，才带动了我国30多年的经济快速发展。但是，我国的土地改革依然留下了很多问题：城乡二元的土地制度始终没有得到改变；国有土地的使用依然存在较强的计划色彩，比如土地的行政划拨和出让方式中的协议出让；国有土地一级市场的政府垄断；集体土地转变为国有土地的征地制度；集体建设用地不能进入市场；等等。以上诸多问题，已经成为制约我国土地资本化进一步发展的重要障碍，给土地浪费和低效使用留下了空间。

第二，土地没有实现充分流动。土地作为一种重要的资源，只有实现充分流动才能实现土地价值的最大化。虽然土地是一种不可流动资源，在我国的土地指标的方式下，通过市场机制，可以实现土地使用权、经营权、发展权等的流通，从而实现土地使用效率最大化。但是目前，我国土地制度相对落后，制约了土地资源（要素）的流动，限制了土地资源的合理配置。主要表现在两个方面。一方面，城乡二元分割的土地所有制，造成城乡之间建设用地市场的分割，从而导致农村集体建设用地不能直接进入市场，填补城市建设用地的不足，也不能让农村参与到城市化利益的分享中来。另一方面，目前我国法律和国土部门政策限制了城市建设用地指标的跨区域流转，这就人为地割裂了我国区域之间的土地市场。这种地方分割的局面造成城市化水平较高地区建设用地指标严重短缺，而城市化水平较低地区建设用地指标存在富余。建设用地指标在空间上分布不均衡，导致土地资源（资本）使用效率的低下。

第三，土地流动没有与人口流动结合起来。城市化是一个多要素共同集聚的过程，包括人口的聚集、土地的集中、产业结构的改变和地域空间的变化等。其中，人口的集聚和土地的集中又是紧密结合、同步发展的。因此，土地制度的设计一定要保证把土地的城市化与人口的城市化结合起来。当前我国城市化过程中，土地和人口的城市化都保持了较快的增长速度，但是土地的城市化和人口的城市化是脱节的，进城农民无法享受到土地城市化所带来的收益。这具体表现为我国城市化中存在"半城市化"现象：2016 年中国城镇化率是 57.35%，而户籍城镇化率只有 41.2%，这意味着有 16.15%，即 2.23 亿生活在城镇里的人没有城镇户口，无法享受城镇居民待遇，而且这一数字近年来还在不断增长。这就是中国城市化进程中特有的现象，这是人口城市化与土地城市化脱节造成的。这种现象与城市化形成截然相反的局面，严重影响我国城市化的质量。如何解决这一问题，使这部分人真正成为市民，同时又能合理解决这部分人的农村土地问题，对于我国城市化的进程是一个重要的挑战。

以上问题的产生，主要根源在于我国土地制度的不合理，尤其是我国建设用地采用指标计划管理的方式，对土地资源的配置产生影响。①建设用地指标的计划管理造成土地使用效率的低下。建设用地实行计划指标管理分配难免会存在不公平、不合理的现象，不能根据各地区土地使用效率的高低来进行分配，就会造成需要发展的地区得不到足够的建设用地指标，而发展较慢的地区获得指标多于实际发展的需要。②建设用地指标的计划管理造成我国城市土地扩张和城市蔓延。建设用地指标制度的出现，是为了限制城市发展的速度，保证城市合理发展。但是在实际操作过程中，却没有产生应有的效果。很多城市为了发展，拼命追求各种建设用地指标，甚至违法占用耕地。不仅降低了土地的使用效率，还给城市经济、文化、交通等带来严重不良影响。③城市建设用地指标制度的存在，造成城市发展的"唯指标论"，造成只有获得指标才可以发展的错误观念。很多城市的建设都与建设用地指标挂钩，因此纷纷"跑步进京"来获取土地指标。

总之，建设用地指标的计划管理体制，不是一种市场行为，目前土地市场不是一种全国性的土地市场，也没有实现城乡之间的充分合理配置，客观上造成了区域之间土地市场的分割和发展失衡。同时，也造成部分地区建设用地短缺，部分地区土地资源浪费，短缺与浪费现象并存。而且还给我国经济、社会带来不良影响，影响了我国城乡之间的协调发展，影响了我国区域之间的协调发展，也影响了我国城市体系的合理构建。因此，研究土地资本空间配置以及我国现行建设用地制度，对解决城市化过程中土地资源配置不均衡的问题具有重要的现实意义。

二　研究意义

针对我国土地制度和建设用地现状，本书建议应该充分实现土地的资本化、市场化、全国化和流动性。土地作为一种资本，应该实现充分流动；只有充分流动的土地资源，才能发挥其资本的最大效用；同时，土地资本的流动能够促进城市的聚集和城乡协调发展。

改革开放以来，我国实行土地的有偿使用制度，对土地使用从无偿、无期限、无流动性转向了有偿、有期限和有流动性，极大促进了土地使用方式的完善和使用效率的提高，增强了土地对我国经济社会发展的促进作用。可以说，这就是一种土地资本化和市场化的过程，当时的土地资本化，以及土地资本化产生的红利，推动了我国 30 多年的经济快速发展。

未来我国加速经济发展和城市化进程，需要对制约土地资本化的制度障碍进行改革，充分实现土地的资本化、市场化、全国化和流动性。

（1）土地资本化、市场化、全国化和流动性有利于促进我国土地资源优化配置和土地资本合理流动。经济的发展是土地、资本和劳动力三者相互作用并结合的过程。我国属于发展中国家，劳动力资源丰富且成本较低，劳动力的供给近似于是无限的。这样，我国的经济发展主要是依赖土地资源和资本的结合，其中一个重要的方面就是土地资源通过市场交易实现流动和增值，即土地资产实现资本化。在土地资本化的过程中，土地需要与其他生产要素相结合，而土地资源和其他生产要素（资本）等的结合，就是资源的配置过程。

（2）土地资本化、市场化、全国化和流动性能够加速我国城市化的进程。目前，我国正处于城市化的加速时期，城市发展需要大量土地资源作为保障，同时城市发展也受到土地资源的限制。实行土地资本化、市场化，可以通过市场机制充分调动全国土地资源，将土地的资本属性充分发挥出来，不仅可以实现土地资源使用效率最大化，也可以通过土地价值的发挥来推动土地资本在城市间的合理流动，推动城市化的发展。

（3）土地资本化、市场化能够促进我国农村的发展。土地资本化可以实现土地的资产化和财富化，增加农民的收入，也能够增加社会总资本，从而起到刺激经济和相关产业发展的目的。不仅有利于农村的快速发展，还能有效推动整个社会经济发展。

（4）土地资本化、市场化能够推动我国金融业的发展。土地资本化能够极大增加我国社会总资本的存量，从而推动我国金融业的较快发展。随着农村土地使用权流转政策的放开，土地市场化的落实本身就会产生巨大的金融发展空间。目前我国城市与农村的土地资本非常丰富，如果再加上土地资本的乘数效应，土地资本所带来的资金数额将会非常庞大，足以支撑我国经济高速发展很长时间。而且中国土地资本化的发展必然能够推动我国金融体制改革和加快发展。

（5）土地资本化、市场化、全国化和流动性能够解决我国城市化进程中土地与人口协调发展方面的问题。建立全国范围内建设用地指标的交易市场，有助于根据人口的分布情况来有效调节城乡之间、区域之间土地资源的流动，同时还有助于建立起一套合理的补偿机制，实现农村、农民对城市化收益的分享。

因此，在此基础上，为了解决我国城市化和工业化过程中的土地问题，实现城乡、区域协调发展，本书通过从土地经济角度、空间角度的分析来研究我国目前城市化进程中城市建设用地制度存在的问题，希望能够建立一套新的土地市场机制来充分调动土地资源在全国范围内、空间范围内的合理流动，从而实现土地的资本化、市场化、全国化和流动性，同时要建立合理的补偿机制，实现土地流动与人口流动的协调发展。

第二节　研究框架和研究方法

一　研究框架

本书将围绕土地资本化、土地在城市发展中的作用，结合城市化发展的过程，研究当前形势下我国城市化发展对于土地资源（建设用地）的需求及配置机制。

第一，本书指出在城市化快速发展的背景下，我国城市化过程中存在建设用地资源没有实现资本化、没有实现充分流动、没有与人口的流动相结合等问题，这些问题导致我国区域间发展不平衡、城乡间发展不平衡和城市体系发展不合理。本书进一步提出我国未来城市化发展对土地资源提出的新要求：实现土地要素的资本化、市场化、全国化和流动性。

第二，本书从理论角度来总结和概括土地对于经济发展和城市发展的作用，并具体通过国内外研究文献，来进一步指出土地推动城市发展的角度和动力机制，以及我国建设用地的现状、问题和诸多学者的研究进展；并从理论的角度指出我国建设用地需要实现资本化、市场化、全国化和流动性。

第三，本书从空间经济学的角度构建一个土地推动城市聚集的模型，在"中心—外围"模型中增加生产过程中的土地要素变量，分析土地要素的投入对于其他生产要素在城乡间流动的影响，以及城市发展的动力机制。借此得出结论：土地作为一种资本，应该实现充分流动；通过资本化和证券化，土地能够成为城市发展的向心力，推动城乡之间生产者和消费者空间均衡的实现；土地资本的流动，能够促进城乡发展，完善城市体系。

第四，本书从建设用地使用现状和建设用地制度来研究。目前我国建设用地的问题突出表现为土地资源短缺，现行的土地供应制度已经不能够满足我国城市快速发展的需要；同时，我国还存在建设用地使用效率低下，土地供给结构不合理，城乡二元土地制度导致城乡集体建设用地不能流动，建设用地指标区域之间不能流动等问题。本书将通过大量数据和实际案例来对此进行分析和说明。

第五，本书对我国各地在建设用地交易流转方面的探索和实践进行具体分析，来说明当前我国各级地方政府在推动城市建设用地制度创新上的优点和缺点，并进行比较分析和案例分析。

第六，本书在以上分析的基础上，提出解决我国城市发展中土地资本（建设用地指标）空间配置不均衡问题的政策建议；在土地发展权和土地指标配额管理的基础上提出构建我国城市建设用地指标全国范围流转的交易机制。希望借此能够实现我国土地的资本化、市场化、全国化和流动性，以满足城市化发展对于土地要素和土地资本的需求。

二 研究方法

本书以空间经济学、城市经济学的理论和方法为指导，通过构建土地要素推动的"中心—外围"模型来研究土地要素对于城市发展的影响机制与作用，进而研究我国城市化进程中土地资本配置（建设用地指标流动）的问题。

本书主要应用理论分析与实证研究相结合的方法，以理论分析为主，以实证分析为辅；定性分析和定量分析相结合，以定量分析为主，定性分析为辅。

1. 理论分析与实证研究相结合

本书对土地经济理论进行了梳理，总结了传统经济学和空间经济学对于土地在资源要素聚集中的作用机制，通过阅读大量文献对土地推动城市发展进行了较为细致的理论分析；同时，通过一定的实证研究，分析了我国城市建设用地使用效率低下和配置不均衡的现象，为本书进行深入研究奠定了基础。

2. 定性分析与定量研究相结合

本书采用定性方法分析城市化进程中城市发展、人口集聚和产业聚集对于土地利用的影响。同时，使用定量分析的方法对我国建设用地发展情况、使用效率情况，以及建设用地短缺、空间分布不均等问题进行综合分析与评价。

3. 对比分析方法

在城市化发展过程中，我国各省份对建设用地指标进行了研究，提出了具有各地特色的建设用地制度创新机制。通过分析各省份的创新方法和经验，本书取长补短，充分结合我国的基本国情来构建适合我国的土地使用制度。

4. 制度分析

经济制度对于经济活动中当事人的行为和资源使用具有重要的影响意义。土地制度也不例外。因此，本书从现行的土地法律、法规和政策等方面分析我国城市化过程中建设用地的配置与使用情况。

5. 案例分析

我国部分地区在城市建设用地使用制度上已经进行了有效的改革和尝试，目前已经基本取得较好的成果；2015年以来，我国也开始在33

个试点地区开展征地制度改革、农村集体建设用地入市和宅基地制度改革的探索，目前一些地区已经取得一定的成效。通过对于这些地区的案例分析，本书结合我国城市化发展的特征以及各地区之间的差异进行有效分析，以期为我国国家层面建设用地使用制度改革提供有益的建议和帮助。

第三节　创新之处和不足

一　创新之处

本书的创新之处主要表现为以下几个方面。

第一，将土地问题置入空间经济学的角度进行分析。传统的经济学在经济增长中忽略了土地要素的作用，空间经济学也没有明确把土地要素纳入城市聚集模型中。本文尝试建立土地要素推动的"中心—外围"模型，深入研究土地要素在空间聚集中的作用和机制，进而说明土地要素对于城市发展的作用。

第二，将城市化过程中人口进城与土地指标向城市流动结合起来，并具体结合我国实际情况，将城乡土地流转与农村劳动力的流动相结合。城市化的发展是土地扩张与人口转移的同步过程，因此本书同时考虑土地和人口两种要素。以往的研究多是从单方面要素的角度进行城市化的研究，难免在城市化发展机制方面有所欠缺和偏颇。本文从土地要素的角度分析指出，建设用地指标流转推动我国城市化发展，同时土地指标的流转紧密结合农村人口的流动，能够契合我国现阶段城市化发展的多重要求。

第三，本书试图建立建设用地指标流转的市场机制，建议通过市场交易来实现建设用地指标的自由流动。这样既为需要土地的城市解决部分土地指标问题，又在很大程度上避免了土地违规使用等问题，同时也解决了进城农民的社会保障等问题。

二　不足

但是，本书的研究也存在很多缺陷和不足，主要集中在以下几个方面。

第一，空间经济学是一门非常深奥和严谨的学科，城市的发展是多种生产要素聚集的过程，其中人口、资本、土地、制度等很多因素的相互影响形成了城市的聚集机制。笔者由于知识积累、所学有限，及受时间约束，在空间经济学中的研究还比较浅，难以把握空间经济学的精髓；同时对于城市聚集过程中的作用机制的理解难免不够深刻和准确，因此在对"中心—外围"模型进行改进时，难免会存在很多问题和不足。

第二，目前空间经济学只是一种理论上较为深刻的科学，但是空间经济学的计量发展还比较缓慢。本书对我国土地资本进行空间研究的过程中，只是基于理论进行模型推导，对于土地资本空间活动的数据无法准确和全面获得，严格的计量分析还无法进行，因此只能在理论基础上进行案例分析。

第三，我国土地资本空间配置的研究必然要基于对我国土地制度的深刻认识的基础上。我国改革开放以来土地制度变动较大，而且建设用地使用制度是一个较为复杂的制度体系，虽然笔者对我国土地制度的发展历程和建设用地制度进行了深入分析，但是难免存在不足和偏颇。

第四，笔者所读文献有限，难以保证对于土地空间、土地经济以及土地制度等的准确和全面把握。本人将在目前所学基础上继续对土地要素在城市聚集中的作用机制进行分析，继续对我国土地制度进行研究，争取在以后的研究中，不仅可以加深对于空间经济学的认识，也可以更加准确地对我国的土地制度进行研究和计量。

第二章　文献综述

第一节　概念

一　土地

土地是一种自然产物，具有多重属性。

马克思、恩格斯认为"经济学上所说的土地是指未经人的协助而自然存在的一切劳动对象"。马歇尔认为土地是一切自然物和自然力量之和，他主要强调了土地的客观性。我国学者对土地概念的定义是：土地是位于地球表面一定范围之内的各种物质与相关空间，它是在自然因素、生态因素、经济因素综合作用下形成的，又在一定产权制度影响下，随社会生产力发展而做动态变化的自然历史综合体（赵延龙、莫俊文，2007）。

土地用函数可以表示为：$L = F[(n, e_1, e_2), s, t]$

其中，L 代表土地，n 代表自然因素，e_1 代表生态因素，e_2 代表经济因素，s 代表制度因素，t 代表时间因素。

从以上的函数可以看出，土地的基本属性是自然性、生态特性、经济特性和社会特性。没有土地，"劳动过程就不能进行，或者不能完全进行"，"因为它给劳动者提供立足点，给他的过程提供活动场所"。本书主要分析土地的经济用途，因此侧重观察土地的经济特性。从经济学角度来看，土地是一种生产要素，土地与劳动力、资本、技术等一起构成生产过程。土地的经济特性主要包括：供给的稀缺性、用途的多样性、直接财富性和自然增值性。以上四种特性是研究土地的基本特征和出发点。"成功的土地利用是以对土地的特性认识为基础的"（伊利，1983）。

二　城市土地

城市土地一般是指城市规划区范围内的土地，包括房屋建筑用地、道路及交通设施用地、广场和各种公共设施用地、公园及绿化用地等。

我国城市土地属于国家所有，主要是为人们提供生产、生活的场所和空间。黄小晶认为城市土地的有用性主要是指它的承载能力。不同地段和区位的土地具有不同的地质和环境条件，那么土地的承载能力也就不同。

城市土地具有以下特征：第一，位置固定性。第二，差异性。第三，耐久性。第四，稀缺性。第五，区位效益性。第六，边际产出递减性。此外，城市土地也具有两种属性。一方面，城市土地是一种自然资源。这就要求政府对土地资源进行合理的规划和管理，防治浪费和闲置。另一方面，城市土地还是一种重要的资本。只有在市场经济条件下，才能够得到合理的配置，才能取得更好的经济效益。

在我国城市统计中，计算城市土地面积的标准有两种：一是城市建成区土地面积，二是城市市区土地面积。《中国统计年鉴》中规定：城市建成区是指城市市政区范围内经过征用的土地和实际建设发展起来的非农业生产建设地段，包括市区集中连片部分以及郊区中具有完善的公共设施的建设用地，并且与城市有着紧密联系的部分（如机场、污水处理厂、电台等）。城市市区则包括城区和郊区，也就是说城市市区的范围要比城市建成区大。由于我国城市建成区是城市的主要实体地区，因此本书以《中国统计年鉴》中规定的城市建成区土地面积来表示城市用地土地面积。

三 建设用地

建设用地是指建造建筑物、构筑物的土地。主要包括城乡住宅、公共设施用地、工矿企业用地、交通水利设施用地、旅游用地、军事设施用地等。建设用地是利用土地的承载能力或建筑空间，而不是以取得生物产品为主要目的的用地。

在我国，建设用地按照土地所有制的性质不同，可以分为农业建设用地和非农业建设用地；按照土地权属和建设内容的不同，又分为国家建设用地、乡镇建设用地、外商投资企业用地和其他建设用地；按照工程投资和用地规模不同，还可以分为大型建设项目用地、中型建设项目用地和小型建设项目用地。我国建设用地供给，还可以分为存量和增量两部分。增量部分，主要是通过农地转为建设用地实现的供应，即土地一级市场；存量部分即通过现有土地使用者之间的交易实现的供应，即二级市场。其中，新增建设用地为规划期间农用地和未利用地转为建设用地的量；建设用地净增量为规划期间农用地和未利用地转为建设用地的量减去规划期间建设用地变为农用地和未利用地的量。

我国实施城市规划时在城市建设范围内建设占用土地的一般程序为：①市、县级人民政府按照土地利用年度计划制定农用地转用方案、补充耕地方案、征用土地方案，然后分级上报给有批准权的人民政府；②有批准权的人民政府土地主管部门对于农用地转用方案、补充耕地方案、征用土地方案进行审查，提出审查意见，然后报给有批准权的人民政府批准；③相关方案经有批准权的人民政府批准后，由市、县人民政府组织实施，按照具体项目分别供地。

四 土地资本与土地资本化

关于土地资本有两种解释。狭义的土地资本以马克思的解释为代表。马克思指出"对已经变成生产资料的土地进行新的投资，也就是在不增加土地的物质（即土地面积）的情况下增加资本"。由此可以看出，狭义的土地资本只是指凝结在土地上的劳动价值部分，将已经开发的土地分为土地物质和土地资本，认为凝结在土地物质上的资本是土地资本。土地资本既有价值形态也有实物形态，实物形态就是土地固定资产。广义的土地资本，不区分土地物质和土地资本，土地能够在流转中实现增值并给所有者带来预期收益就是土地资本。本文研究的土地资本是指城市化进程中的土地，不仅是人类劳动投入部分，也包括狭义的土地物质和土地资本。因此，只要能够通过流转带来增值的土地就是土地资本，即所谓的广义的土地资本。

土地资本化的含义最早见于赫尔南多·德·索托的《资本的秘密》，这本书第一次阐释了资产与资本转化的思想。何晓星、王守军认为，资本是运动的并且在运动中不断改变形式，而且随着运动而不断增值；土地资本化就是土地资源转变成可以运动并增值的土地资本的过程；资源和资本的区别在于，资源是静态的，是不能增值的，资源只有通过不断运动、改变形式，才能实现增值，这就是资源资本化的过程。刘永湘、杨继瑞分析了我国城市土地资本化的现状和历史，认为城市土地资本化就是按照土地所有权和土地使用权相分离的原则，将城市土地资产市场转化为资本，实质上是土地使用权流动的市场化。李双海认为土地资产在土地市场中流转并实现增值就是土地资本化。也有学者指出在我国土地所有制情况下，土地资本化主要是指土地使用权的资本化。

改革开放之前，我国的土地都是作为自然资源和资产而存在，城市土地归国家所有，实行无偿、无期限、无流动的使用，占用土地的企业不需要向国家交纳租金；农村土地属于集体所有，统一取消了地租，实行的是土地的统一管理和分配。改革开放以后，我国对土地产权制度和使用制度进行了改革。农村实行了家庭联产承包责任制，将集体土地的所有权和使用权分离；在城市开始对国有土地实行有偿使用，并实行土地使用的市场流转和转让。这些都是土地资本化的具体形式，是逐渐唤醒"沉睡资本"的必要步骤。

第二节　文献综述

随着我国城市化的快速发展，土地制度和使用、管理体制越来越不适应发展的需要，土地已经成为制约我国城市发展的重要因素，不仅影响到我国城市化的速度，还影响到我国城市化的质量。国外学者对于土地在经济增长和土地发展中的作用机制进行了详细分析，国内诸多学者也从我国实际情况进行了深入探讨。接下来，本书将对前人的分析进行总结和归纳。

一　传统经济学对土地的研究

（一）传统土地经济学理论及分析

1. 供给和需求的分析

土地市场受到供给和需求的影响。市场配置土地资源的功能取决于土地的供给与需求的矛盾运动。土地供给是指一定时期内可供人们利用的土地资源的数量，由于土地的稀缺性，土地的供给缺乏弹性（王德起，2009）。土地需求是指人们为满足自身生产、生活需要而对土地提出的占有、使用的要求。传统经济学对于土地在经济发展中的作用，主要是通过市场机制来进行研究的，也就是通过土地的价格机制分析土地市场的需求与供给。土地价格机制是土地市场供求和土地价格之间的有机联系和运动，正是在这种联系中，土地价格与土地价值才趋于一致。土地的价格机制可以从宏观上调节土地在不同产业和地区之间的分配，可以在微观上决定土地归谁使用、如何使用，同时土地价格也能反映管理者调控和管理的信息。

2. 地租的分析

在市场条件下，土地的租金是影响供给和需求的一个关键因素。因此，从古典经济学开始对于土地的研究都十分重视对地租的分析。

　　李嘉图认为"地租是为使用土地的原有和不可摧毁的生产力而支付给地主的那一部分土地产品"。巴洛维认为"地租可以简单的看成是一种经济剩余，即总产值或总收益减去总要素成本或总成本之后剩余的那一部分……各类土地上的地租额取决于产品价格水平和成本之间的关系"。在古典经济学中，土地被看成是资本的特殊形态，而地租则是利息的特殊形态。利息取决于资本的边际生产力，地租取决于土地的边际生产力。但是，土地和资本并不相同，资本的供给是无限的，而土地的稀缺性决定了土地的供给是有限的，由于土地的供给是刚性的，土地的需求就成为影响地租的重要因素，土地需求曲线与供给曲线的交点就决定了地租的水平。总之，古典经济学开始深入研究地租的变化对于生产的影响，进而扩展到地租对于城市形成与发展的影响。而且，古典经济学对于土地需求与供给的分析，成为以后土地经济分析的基础。

　　20世纪60年代兴起的新城市经济学，开始对城市发展的土地问题进行深入思考，当然其主要研究还是限于城市内部空间结构，即建立单中心城市的模型用以分析城市内部土地的利用。新城市经济学试图建立一个一般均衡模型，以解释土地地租与交通距离之间的函数关系，描述人口在城市与农村之间的流动和选择；同时该模型也开始分析市场如何对土地进行分配，空间如何演变为有不同活动的区域。阿朗索在新古典城市理论中将空间和距离因素引入经济学领域，这是"最接近标准新古典主流的理论"。但是该模型最大的缺点依旧是只解释了单中心城市，即认为只存在一个中心城市或中心商业区，没有分析多中心城市是如何形成的，进而也就没有分析土地在城市与农村之间、在城市体系之间是如何分配的。但是，单中心城市理论假定土地只有一个供应商，这并不完全符合现实。当土地市场存在多头供应时，土地的交易就会出现投机现象，土地的供给函数就不是完全弹性的。由于预期未来土地价格会上涨，所以土地拥有者会囤积土地而不会在当下交易。这样土地的供给就会出现时间上的断层，而且不同利用方式的土地也会有不同的供给曲线。

之后，城市经济学进一步发展，从静态城市结构演变到动态城市分析。城市动态结构模型研究的是在多中心城市结构下，各生产要素在城市之间的流动情况。静态和动态的城市空间结构是由不同的因子决定的。城市经济静态模型（单一的城市中心模型）预测和推断土地价格和土地利用强度、人口密度随着距离的增加而降低。然而，在城市经济动态模型里，城市增长是一个渐进过程，土地利用密度取决于城市土地开发时的经济状况。土地利用密度并不一定随距离的增加而降低，可以随距离的增加而增加。

总之，经济学家普遍认为城市土地价值溢价，是由城市发展（人口和经济原因）引起的。人口增加导致对于居住环境和公共设施需求的增加，经济发展导致对于商业用地和工业企业用地的增加；土地需求的增加在导致城市范围逐渐扩大的同时，也导致城市内部土地价格的快速上涨。这就是传统经济学下城市土地变化的动力机制。

3. 缺陷和不足

由于市场机制的存在，土地市场也会存在市场失灵。造成市场失灵的因素也是影响土地市场正常交易的重要原因。①垄断的存在。垄断是自由竞争的产物，但是它否定了市场的普遍性和完全性假设，限制了自由竞争，也限制了市场机制的进一步发挥。②信息的不完全性。现实中，信息不对称或信息偏在等因素，造成土地交易双方的不平等，也就造成土地交易均衡价格的偏离。③交易成本的存在。在实际中交易成本是普遍存在的，当交易成本大于交易获得的边际收益时，市场交易就是没有效率的。④外部性的存在。个人土地交易行为的存在，会对他人产生正的或者负的影响。⑤公共物品的存在。城市土地中有很大比例是用于交通、医院、学校、保障房等的用地，这些基本都属于公共物品，这些土地是市场没有办法有效配置的。

此外，土地的一些基本特性还决定了土地研究的特殊性和当前研究的缺陷与不足。

首先，由于传统经济学认为土地供给是缺乏弹性的，因此都忽略了土地的作用，或者在经济学模型中都淡化了土地要素。但是，土地在经济发展和城市发展中的作用与其他资源相比是不同的，土地并不是直接参与到生产活动中，而是作为其他生产要素进行生产活动的载体，所以，土地对于经济增长的贡献应该是不同的。此外，在当今社会下，土地对于经济增长的作用应该是不断提升的。土地的固定供给，导致土地具有产生泡沫的条件，所以，土地作为生产要素的作用不是降低了，而是在形式上发生了改变。

其次，由于土地是一种不可流动资源，不能像其他生产要素一样自由流动，而且土地在空间上的分布是不均质的，不同区位的土地生产潜力不同，因此，土地的区位强烈决定了土地在生产中作用的高低。

再次，传统经济学对于土地要素的研究主要局限于单个城市内部，或者一个城市与周边地区的土地流动。但是在现实中，城市不仅仅只有一个，众多的城市对于土地资源的吸引和需求是不同的，每个城市所产生的聚集力和扩散力也是不同的。因此，土地在不同城市之间的流动机制是一个重要的研究内容。

（二）国内相关研究及分析

国内诸多学者也对土地和经济发展的关系进行了研究。经济增长离不开生产要素的投入；土地作为主要的生产要素之一，其对于经济增长的贡献缘于土地的利用结构和其在时空上的配置。在经济增长进入工业化和城市化的快速发展阶段，土地从农业用地转变为城市建设用地，是一种不可避免的现象；土地转变为城市建设用地为工业化和城市化提供了重要的支撑。土地转变这个过程的必然性已经被发达国家的工业化进程所证明，处于工业化初期的发展中国家也正在经历这一过程。有研究指出，欧洲在工业化过程中，转变为城市建设用地的耕地达700万公顷；日本在城市化加速的1950~1979年，工业化所占用的优质耕地高达133万公顷；1966~1986年加拿大70个城市的发展建设占用了超过30万公顷的农地。因此，在城市化进程中，土地的大量占用是不可避免的，尤其是在城市化加速发展时期，占用土地的速度将会更快。

一些学者对我国土地投入对于经济增长的贡献率进行了分析，也有学者对我国经济增长与耕地减少脱钩的关系进行了研究（陈百明、杜红亮，2006）。毛振强等对 1996～2003 年我国建设用地投入的经济贡献进行分析，得到建设用地对于第二、第三产业的产出弹性为1.038，对经济增长的贡献率为 14.79%。张占录对我国国家开发区土地的经济贡献率进行研究，得出建设用地的产出弹性为 0.13，低于外贸和就业人口对于经济的贡献。杨志荣等对杭州市的建设用地进行分析，得出建设用地的产出弹性为 0.18，认为城市土地的需求是引致需求，单纯扩大土地面积并不能推动经济增长。姜海等研究 1999～2007年建设用地扩张对经济增长的贡献率，发现固定资本、就业人口和建设用地的产出弹性系数分别为 0.745、0.274 和 0.083，他们指出建设用地扩张对经济增长具有显著的推动作用，但是远远低于资本积累和劳动力增加的作用程度。也有学者尝试验证经济增长与耕地占用之间是否存在类似库兹涅茨曲线的倒 U 形关系（曲福田、吴丽梅，2004），但是没有得到明确的结论。总体来看，我国经济增长中土地的贡献率明显偏低，说明我国城市化过程中占用了大量的土地，土地的整体生产效率比较低下。

这也就意味着目前我国经济增长的土地代价水平过高。姜海等经过计算，发现 1989～1995 年和 1999～2007 年全国城乡建设用地中居民点用地和工矿及交通等用地分别占用耕地 197.3 万公顷和 121.5 万公顷，这些建设用地所占用的耕地约损失 10 亿公斤粮食。陈百名、杜洪亮认为我国近些年来 GDP 的快速增长带来耕地的大幅度减少，从而认为我国经济发展的耕地代价很大。总之，我国城市发展中的土地代价很高，而原因就在于土地的使用效率低下。

所以，以上几位学者都认为，在未来一段时期内，我国经济增长还会保持相对较高的水平，土地需求也会保持较高的水平，同时也要努力保障国家耕地保护目标的实现，因此，当前我国的关键是要降低经济增长对于建设用地扩张的依赖水平。这就意味着，一定要注意提高土地集约化程度和改善土地的使用效率。不仅仅在一个城市内部要充分实现这一目标，在全国范围这一目标也非常重要。因为随着我国经济增长和城市的发展，部分城市尤其是东部沿海地区的发达城市，土地使用效率已经得到了较大的提高，土地的集约化使用已经基本形成，土地的聚集效应和规模效应已经基本产生，因此，从全国土地使用效率的角度来讲，促使土地资源的充分流动，进一步发挥东部发达地区的聚集效应和规模效应，加速推动中西部地区土地资源的聚集效应和规模效应的产生，将是必然的趋势。

二 空间经济学对土地的分析

（一）聚集经济中土地的作用机制

聚集经济是多样化的厂商、居民及相关组织单位得以聚集，推动城市形成并不断扩张的基本力量。因此，城市是多种产业聚集的集合体，即城市是聚集效应的产物和结果。茅于轼认为城市的本质在于它的空间聚集性，城市是由经济要素聚集而成的。在城市中，人力资源、资金、技术等各种生产要素在城市土地上通过不同的聚集力和扩散力实现了高密度的聚集。各种经济要素在城市中聚集度越高，城市的规模也就越大，生产效率就越高，产出效益也就越大。从一个城市内部来看，城市是生产要素和各种资源大量集中的产物。从城市外部空间的角度来看，城市的整体格局就是全体资源要素在城市间自由流动，从而在不同城市形成不同程度聚集的产物。

学者们普遍认为，在城市经济发展和空间增长过程中，集聚与扩散这对矛盾力量始终处于平衡与不平衡之间的交替演变。聚集经济学提出，城市是各种离心力和向心力相互作用的结果。当各种要素的聚集使得城市规模逐渐扩大时，各种离心力和向心力也发生着不同的变化。在城市聚集的过程中，土地的重要作用在于，其他生产要素投入、集聚在土地上会对土地的附加价值和地租产生影响。前者是向心力，后者是离心力。当其他要素作用在土地上所能产生的附加值大于地租时，就促使其他要素进一步向土地集聚；当地租上涨超过附加值时，离心力就会超过向心力，从而导致资本和劳动力流向其他地区。城市发展的不同阶段，土地产生的附加值与地租有不同的关系。在城市化发展的初期和上升时期，地租相对较低，土地所产生附加值增加很快，但是向心力始终要大于离心力。而且，在这一时期，尽管随着经济发展和聚集程度的加深，土地所产生的离心力不断上升，但始终不会超过其他要素所产生的向心力。

部分国内学者通过经济数据来分析我国的经济聚集。杨开忠认为我国经济聚集与地区之间的管理体制有着非常紧密的关系，分权能够导致经济聚集加速，而集权则降低了经济的聚集程度。范剑勇利用我国2004 年的城市数据进行分析，认为我国非农业的规模报酬递增促进了集聚的加速。金煜对我国 1987～2001 年省级面板数据进行分析，发现在影响聚集的因素中，除了经济地理因素外，经济政策是一个非常重要的原因。章元、刘修岩对我国经济增长和经济聚集的相关性进行了研究，指出我国铁路等基础设施的建设和投资加速了经济聚集的形成和发展。宋娟使用新古典的分析方法分析了城市扩张对于居民效用的影响，认为居民收入水平是决定城市扩张的主要因素，并对我国城市化进程中城市盲目扩大、快速扩张的现象进行研究，认为城市在发展过程中，既要重视扩张的数量，更要重视扩张的质量；并且要努力发展经济，提高居民的收入水平。

另外，也有部分学者对土地的聚集效用进行了分析。张换兆、郝寿义将土地要素纳入企业生产函数，进而研究了城市扩张对于企业行为的影响，发现企业利润最大化取决于城市化发展过程中的各种综合效应，包括土地价格的变动、劳动价格的变动、土地集约利用的影响、产品价格变动等。而且，随着城市的扩张，短期内会缓和土地价格的上涨，但是长期来看，城市内部土地依旧保持稳定上升的趋势，这样居民的资产就保证了长期的增值，给居民带来财富效应的增加。金煜的研究中依旧承认土地以及其所带来的区位效应，是对聚集产生重要影响的因素。姜海等将建设用地作为独立要素引入柯布 – 道格拉斯函数：$Q = Ae^{\lambda t}K^{\alpha}L^{\beta}CL^{\gamma}$，分析了土地对于城市经济增长的作用，认为土地的作用非常重要。

（二）空间经济学分析

20 世纪 90 年代以来，新经济地理学家开始通过建立不完全竞争与规模报酬递增的模型来研究经济活动的聚集和扩散，并且把空间因素纳入主流经济学中。其中主要代表人物是保罗·克鲁格曼。他于 1991 年提出了著名的"中心—外围"模型，奠定了空间经济学的基础。

空间经济学改变了传统区位理论的研究框架，突破了关于完全竞争和规模报酬不变的假设，开始研究规模经济对于区位和城市的影响，建立了空间非均等模式，发现积累循环因果关系和路径依赖导致经济活动分布更加不均匀；同时也引发了对于运输成本、集聚经济、生产要素等因素影响向心力和离心力的研究。主要包括中心—外围模型（CP 模型）、自有资本模型（FC 模型）、自由企业家模型（FE 模型）、资本创造模型（CC 模型）、全域溢出模型（GS 模型）、局部溢出模型（LS 模型）、中心—外围垂直联系模型（CPVL 模型）、自有资本垂直联系模型（FCVL 模型）、自由企业家垂直联系模型（FEVL 模型）等。

除了克鲁格曼之外，还有很多学者也对空间经济学的发展做出了贡献。Fujita M. 和 Mori 分析了天然港口对于产业集聚的作用；Matsuyama K. 和 Takahashi T. 建立了带有不同的非贸易产品的两区域的空间经济学模型，考察了经济集聚与区域比较优势的相互影响；Fujita M. 和 Mori 从运输成本的角度对经济集聚进行分析，研究了不同种类产品在交通运输成本逐渐降低的情况下，对于经济聚集和经济扩散的影响，从而从空间"经济距离"的角度对同质性问题进行了探讨；Martin 和 Ottaviano 认为贸易成本递减和规模报酬递增，这两者相互作用，促进了聚集的产生，同时聚集也能降低经济活动的创新成本，从而再次促进成本的降低和规模报酬递增，形成良性循环；Baldwin 和 Forslid、Fujita 和 Thisse 从劳动力在区域之间自由流动的角度分析，也得出了类似的结论；卡尔多提出了效率工资理论，从工资的角度解释了经济聚集的原因；Ciccone 和 Hall 则是从技术外溢的角度来研究经济聚集的形成和影响；Myrdal 在《American Dilemma 和 Asian Drama》中用"累计因果"进一步分析了聚集的作用机制；Ago T.，Isono I. 和 Tabuchi 在 OTT 的基础上对空间同质性进行修正，认为在预竞争效应下，由于竞争者较多，中心区域反而可能处于劣势；Suedekun J. 在"中心—边缘"模型的基础上增加了住宅产品部门，发现生活在核心区的居民生活成本高于边远地区的居民，当核心区居民实际收入下降时，人们向核心区聚集的趋势减弱，从而影响到聚集的进程。

空间经济学主要是研究生产要素在空间的流动和配置机制。以上的学者也都是从各种生产要素流动的角度分析聚集产生的机制，其中，对于土地要素的分析较少，主要是因为经济学家一般都认为土地作为一种不可流动的生产要素，在聚集过程中是一种离心力。

（三）不足与缺陷

对于空间经济学和聚集经济，国内外学者研究更多的是产业的聚集和人口的聚集，而对于土地的聚集研究较少。主要是因为土地是一种不可流动的生产要素，因此，从古典经济学开始，就把土地在经济增长中的作用淡化掉了。

但是，土地在城市聚集中有着非常重要的作用。第一，土地是城市聚集的基础和载体。各种要素的聚集带来城市的产生和不断扩大，人口的增加需要土地，产业的聚集需要土地。第二，土地不仅是一种自然资源，还是一种生产要素。尤其是在计划管理体制下，土地和资本、劳动力一样都成为一种可以投入和流动的生产要素。第三，土地的作用主要是劳动力和资本作用在土地上，产业集聚导致地租不同，在集聚过程中，城市地租上涨，地租上涨成为聚集的离心力。因此，不应该忽略土地的作用。尽管土地并不是直接投入生产，但是土地是其他生产要素产出的必要载体。

此外，空间经济学本身对于土地的研究也存在一定缺陷。空间经济学假定空间是均质的，生产要素在空间上的分布是均匀的，而且所有要素在空间内可以完全无成本地瞬时流动。但现实中，劳动和自然资源等生产要素在空间上的分布并不均匀，而且不同自然禀赋还可能带来空间之间距离的差异。空间经济学很多模型都假设空间是同质的，结果造成了集聚的区位效应只与历史和累计的前向联系和后向联系有关，而忽略了空间区位上本来就存在的比较优势对于集聚区位的涌向。

传统的聚集经济的研究主要是针于发达国家和地区，这些地区已经发展到成熟阶段，城市化水平较高。而我国目前还是处于工业化和城市化的加速时期，聚集刚刚进入第二阶段，甚至部分地区还处于聚集的原始阶段。因此，我国的聚集经济与发达国家之间存在很多差异。而且从生产的外部性来看，由于我国交通、通信等基础设施落后，城市经济在聚集过程中对于要素资源禀赋的比较优势还有很大需求；产业结构中第一、第二产业的比较优势很高而且劳动力分布不均匀、信息传播不便利，生产的外部性很强劲，很多城市仍然会由于聚集的加速而不断扩张。从消费的外部性来看，虽然人口聚集导致拥挤和污染等问题，但是由于目前人力资本较低，改善这些负外部性的成本也较低，所以，负的外部性不是非常严重。人口还会进一步向城市中心区聚集。所以，由于我国发展的特殊性，处于工业化和信息化的同步发展阶段，我国经济的聚集将出现两个阶段甚至三个阶段的特征。这就是我国现在和未来一段时期内聚集发展的特征。

三　城市发展中土地的作用机制研究

（一）国外城市理论

城市经济学的研究离不开土地。从城市经济学产生起，土地就作为城市经济研究的重要因素。但是不同时期、不同学者，对土地的作用看法不一。

米尔斯提出了单一城市的一般均衡模型。他将土地纳入到柯布－道格拉斯生产函数，分析了城市商品的生产：$X = AL^\alpha N^\beta K^\gamma$。其中米尔斯设定规模报酬递增，他指出聚集经济是由三种要素投入共同决定的：土地、资本和劳动力。但是他没有明确指出聚集经济的来源，也没有做出相关的理论解释。

奥沙利文在米尔斯模型的基础上对城市的经济活动做了进一步的分析，假定城市生产函数为 $C = C\{P_K, P_L(u), P_T(u)\} \times \phi(Z) = (Z_0/Z)^g$，其中，$u$ 为到市中心的距离（通勤成本），$P_L(u)$ 为劳动力价格，$P_T(u)$ 为土地价格，$\phi(Z)$ 为规模经济函数，Z_0 为外生参数，Z 为出口品总产出，g 为衡量规模报酬递增幅度大小的参数。当 $g > 1$ 时，表示规模报酬递增，因此产生聚集经济。这说明土地的价格对于城市经济活动是一个重要的影响因素，且呈现 U 形曲线的关系；而且，土地价格与交通距离也有着非常密切的关系，最终说明城市面积对于单一城市的经济规模有着决定作用。城市不是面积越大越好，而是需要一个合理的边界。

米尔斯和奥沙利文的研究都是基于单一城市进行研究，他们都分析了土地在城市聚集中的作用，都印证出土地对于城市规模是一个重要的影响因素。但是他们只是研究了一个城市环境下，土地在城市与农村之间的流转，而没有扩展到城市群的角度。

亨德森从城市系统进行了城市聚集经济的研究。他假定在城市系统中，每个城市专营一个服从于定域化经济的出口部门，投入劳动力和资本这两种要素生产出口品，其产出的生产函数是：$X = Ag(N)N_0^\alpha K_0^{1-\alpha}$，其中，$X$ 表示可用于交易的商品的产出，N_0 和 K_0 分别表示地方的劳动力和资本，N 是城市人口数，$g(N)$ 是用来表示规模效应的函数，亨德森假定 $g'(N) > 0$，即存在定域化经济。可以看出，亨德森的模型是在柯布－道格拉斯函数的基础上，加乘一个表示规模效应的函数［即 $g(N)$］来描述城市聚集经济的特性。虽然亨德森开始从城市系统的角度来分析生产要素的流动，但是亨德森的研究也存在一定的缺陷。第一，由于城市土地数量有限，城市经济区域和城市规模是要受到限制的；第二，城市规模扩大还会带来城市内部土地、劳动力价格（工资）等各种成本的上涨。亨德森的研究忽略了以上两个方面中土地对于城市聚集的影响。

（二）国内相关研究

国内学者主要是从城市扩展的角度来分析土地的作用机制。城市用地扩展是指城市建设用地规模向城市周边及其近郊的农业用地扩张的过程。随着城市化的快速推进，城市逐渐向周边地区扩展，逐渐将周边农业用地转变为城市建设用地，不仅实现了城市化区域、范围的扩展，也实现了对于城市周边地区经济发展的推动和农业人口的城市化。城市建设用地快速增长实际是经济发展的空间体现（郑文含，2007）。

我国学者对于城市发展和土地的变化也进行了大量的研究，研究内容主要集中在城市土地扩张所需要的驱动力上。吴兰波等通过计算发现自1986年来，中国城市用地扩展系数呈现较大的波动性，总体来看中国城市用地扩展速度相对较快。谈明洪、李秀彬对我国城市用地扩张的驱动力进行分析指出，经济增长是城市用地扩展最重要、最根本的驱动因素。杨钢桥对城镇用地扩张的影响进行分析指出，社会经济条件的变化是导致城市用地扩张的重要力量。城市建设用地规模的不断扩大，一方面促进了城市功能的完善、经济的进一步发展，也带动了农村地区社会经济的发展；另一方面，城镇建设用地的迅速增加和城市快速向外扩张也给城市及其周围农村带来了较大的负面影响。林目轩、陈秧分等对长沙市土地建设用地扩张进行了定量分析，主要从经济发展差异、城市基准地价、人口增长差异、政府宏观调控等方面研究了长沙市建设用地扩张差异形成的主要原因。邱士可、王莉对我国不同城市的规模与产出进行了分析，发现城市土地规模的扩大速度远远小于城市经济规模的增长速度，说明城市规模越大，城市聚集程度就越高，城市单位面积产出就越多，城市土地利用集约度也就越高。同时，他们还发现城市人口不断增加、用地规模不断扩大加快了土地需求的上升，这必然会造成城市土地价格的上涨。这样就可以迫使企业和政府提高土地的使用效率，尽可能节约土地。姜海等用 1999~2007 年的省级数据对我国建设用地扩张对经济增长的贡献及变化趋势进行实证研究，他们认为，建设用地扩张对经济增长的贡献随着经济发展水平的提高而逐渐缩小；处于不同经济发展阶段的地区，建设用地的贡献率不同，因此不同地区应该实行不同的土地管理策略和绩效考核方法。林燕华、毛良祥选取总人口、城市人口、城市化率、GDP、固定资产投资、第二产业占 GDP 比重、第三产业占 GDP 比重、第三产业产值与第二产业产值的比例等指标，通过多元线性回归模型，分析了我国 1981~2006 年城市扩展的影响因素。结果显示：人口增长和 GDP 增长是影响我国城市用地扩展的最主要原因，投资拉动经济增长的方式导致我国城市用地需求旺盛；第三产业比重的提高有助于抑制城市用地扩张，从而能够提高土地集约使用效率。整体看来，经济发展是导致城市用地扩张的最重要的因素。

城市土地面积扩大（城市增长）是城市各要素在空间上相互作用相互反馈的结果（顾杰，2006）。张新生认为城市空间增长是一个空间动力学的过程，并从基础就业空间增长、居住空间增长、服务消费流的空间格局以及交通流的空间格局这四个层次分析了这一动力学过程。笔者认同张新生的观点，认为城市增长过程在实际上可体现为就业空间增长、居住空间增长、交通流空间增长及服务消费和服务设施空间增长对于城市土地变化的影响。其中，基础就业增长是城市增长和城市土地扩张的动力源。

也有学者对我国不同规模城市发展对于土地的需求进行了分析。谈明洪、吕昌河通过对中国 1990~2000 年全国 200 个城市用地规模分布进行位序—规模分析，发现 20 世纪 90 年代我国小城市发展迅速，小城市的面积也增长较快，但发展潜力较小；大城市的数量增长迅速，大城市建成区面积的增长速度也高于全国城市建成区面积的平均增长速度；中国首位城市的用地面积增长也很快，有望加快增长，而且还具有很强的发展潜力。周一星也认为，中国高位次城市（特别是最大城市）的实际规模比理论规模要小得多，在国家城市体系背景下高位次城市还有着可观的发展前景。代合治也认为，中国的城市按照城市建成区面积的大小，逐步趋于均衡化、合理化，越大的、分布越集中的城市，发展越均衡，但是各地区已经出现分散化的趋势。总体来看，大城市占用土地面积相对较多，使用效率相对较高；中小城市土地使用效率相对低下，但是土地增长较快。

此外，还有学者从城市化角度、城市发展对于用地结构等角度进行分析。陈甬军、陈爱民对我国城市化道路选择进行实证分析后指出，乡镇企业的发展是中国加快城市化进程的一种非常重要的推动力。边学芳等在对我国城市化水平和城市土地利用结构进行多元线性回归分析的基础上，认为随着城市化水平的不断提高，城市用地中居住用地不断增加，工业用地、仓储用地以及对外交通用地逐渐减少，而且公共基础设施用地和居住生活用地随着城市规模的扩大和人口的增加而增加。熊国平通过对城市空间的演变进行分析认为，随着城市规模的不断扩大，城市内部空间结构不断调整导致城市土地数量扩张、使用效率提高。谈明洪等通过对 20 世纪 90 年代中国城市用地面积最大的 145 个城市的用地增长面积，以及这些城市职工工资总额增长做相关分析，发现它们呈高度的正相关关系，相关系数为 0.9，城市职工工资增长对城市用地扩张具有很强的解释能力。

总之，虽然我国学者对影响土地需求的具体因素有不同的看法，但都一致认为，城市的发展导致土地需求不断上升，尤其是在我国城市化快速发展时期，土地需求上升也相对较快。同时，不同规模的城市土地使用效率不同，占用土地面积的增长速度不同——越大的城市，土地使用效率越高。这一点与我国在近些年来城市发展的现状基本吻合。

四 中国城市建设用地分析研究

在我国城市化快速发展的同时，出现了城市建设用地短缺的新问题，而且这一问题随着我国城市化进程的加快越来越明显。因此，诸多学者开始从不同角度、使用不同研究方法来分析用地短缺的原因和发生机制。

首先，部分学者对我国城市建设用地发展情况进行了分析。吴兰波等通过研究有如下发现。第一，建成区面积的扩展速度与国家征用土地的面积息息相关。第二，地区间建成区面积扩展速度不同，主要分为三种类型：①快速增长型，如广东、福建、江苏、山东、浙江、四川、北京、河北、河南等，征用土地面积较大，建成区面积扩展迅速；②平稳增长型，如黑龙江、吉林、辽宁、内蒙古、新疆、西藏、甘肃、青海、宁夏、陕西、云南、贵州、广西、江西、湖南、湖北、天津等；③负发展型，如海南、湖南等，建成区面积有倒退现象。第三，城市建成区的面积与人口密度高度相关，建成区面积扩展是人口密度不断上升的硬性需求。刘纪远对我国 20 世纪 90 年代土地利用变化的时空特征及其原因进行了分析，并认为，20 世纪 80 年代末至 90 年代末的 10 年间，城乡建设用地增加了 2639 万亩，其中 81% 来源于对耕地的占用，另外东部地区（黄淮海和东南沿海地区）以及四川盆地城乡建设用地扩张显著，占用的土地主要为优质耕地。导致建设用地变化的原因是：社会经济的全面发展推动了城镇化的建设升级，相对宽松的政策环境促进了土地的开发，"开发区热"和"房地产热"一度势头强劲，导致了耕地的大量流失。同时，我国土地相关法律如《基本农田保护条例》和《土地管理法》的颁布和修订，对限制耕地转化为建设用地产生了重要遏制作用。

其次，关于建设用地短缺的原因，众多学者看法并不完全一致。朱林兴认为，当前我国土地短缺的重要原因之一是没有建立土地的战略资源地位。张雁认为目前我国城市建设用地指标分配存在很多问题，比如用地指标分配缺乏地区化差异。王成艳、靳相木认为由于信息不对称和决策者的有限理性，土地规划很难适应未来经济发展对于土地的需求，客观上造成了建设用地指标分配的不合理，导致了土地供求的矛盾加剧。郑文含从建设用地总量、人均建设用地、单项各类建设用地、建设用地各类变化等多方面分析了江苏省各地区建设用地的发展变化情况，认为虽然城市化进程加快，但我国城市建设规划的制定较为落后，不能适应城市快速发展对于建设用地的需求，从而客观上造成了建设用地的短缺，在很大程度上限制了城市的发展。鲍宗豪认为，土地资源的约束对我国城市化持续发展是一个严重的挑战。刘纪远等对我国20世纪90年代土地利用变化的时空特征及其原因进行了分析，认为我国城市化快速发展导致建设用地严重短缺。而且，很多学者认为目前我国人口统计口径的不统一也制约了城市土地规划的准确、合理程度，进而影响到建设用地指标的分配。我国城市人口存在两种统计口径，在国家统计口径上是以户籍人口为主，但是在实际的发展过程中，则是常住人口，这就导致了我国城市规划对于人口估计的偏低，也造成了对于城市建设用地指标的估计不足和供给不足。邱道持、廖万林和廖和平认为小城镇建设用地指标的影响因素包括建设用地供给容量、建设用地扩张的动力因素、建设用地扩张的逆向约束因素——土地。这些学者基本认为经济的快速发展和人口的急剧增加是导致我国局部地区土地资源短缺的最主要原因。

也有学者对我国建设用地指标分配进行了分析。朱红波通过对建设用地指标分配的博弈进行分析，认为在建设用地指标的分配中上级政府处于强势地位，下级政府相对处于弱势地位，公众处于最弱势的地位；各级主体之间地位的不对等导致建设用地指标不能完全符合现实需要。伍豪等通过建立不完全信息动态博弈模型，分析了建设用地指标分配中的博弈问题，认为下级政府对于当地的经济发展状态了解较多，对未来预期更加符合当地实际，所以它们制定的用地需求指标更切合实际，也更容易为上级政府所接受。杜金龙、马学才通过层次分析法等方法建立指标对建设用地进行分解，认为建设用地指标受人为主观因素的干扰性影响较大。刘超、王翠欣、李强根据产业、空间布局和社会经济发展水平构建指标体系分析了我国市级建设用地指标分解情况，认为我国目前土地利用总体规划指标分解往往重视数量上的分解，导致土地利用总体规划不能适应市场经济发展的要求，制约了社会经济的可持续发展。总的来看，学者们普遍认为当前我国建设用地指标分配机制不合理，难以实现土地资源的合理配置，需要尽快进行改革。

最后，学者们针对我国城市建设用地短缺的现状，提出了一些建议。刘纪远建议，我国应该尽快修改相关土地法律，增加对于建设用地的需求供给。王成艳、靳相木建议我国应该加快远期城乡规划的制定与调整，使城乡规划、建设用地指标与城市发展速度相适应，并且要尽快在全国范围内实现建设指标的交易和流转。朱林兴建议，我国要形成供地的导向调控机制，要在经济发展中改革供地制度，使供地制度能够体现"促转型、调结构、集约用地"的功能；同时要盘活城市土地存量，按照市场原则运作土地；改变土地双轨制，实现全国国有土地"有偿、有期限、流通"，杜绝土地浪费，提高土地使用效率；构建城乡统一的建设用地市场，推动农村集体建设用地流转。此外，还有一些学者提出要建立科学的建设用地指标评价体系、加大对于闲置土地的处罚力度、加强对于土地使用的监管等。

在关于我国建设用地指标改革和完善途径方面，诸多学者也提出不同的建议。张雁认为应该根据地形、地貌、气候等因素，以及不同地区个别项目存在地区使用差异化问题，用地定额指标应结合地区实际情况增加区域条件限定，或设置可调整的弹性参数。杜金龙、马学才建议建设用地指标分解应考虑各个地区不同建设用地供给状况。邱道持、廖万林和廖和平提出了小城镇建设用地指标配置的理论，建议通过总量控制、结构控制和建立速度指标等来规范和促进小城镇建设用地的合理发展。朱红波建议，应该加强上下级政府之间在建设用地需求上的沟通，提高下级政府在指标谈判中的地位，增强公众的参与度。

总体看来，我国学者认真分析了当前建设用地使用方面存在的问题和障碍，认为经济的快速发展和人口的急剧增加，是导致用地需求增长较快的最主要原因；目前的土地制度和建设用地体制比较落后，造成我国建设用地使用效率低下、分配不均衡、短缺与浪费并存等问题。有学者指出当前我国土地制度和建设用地体制造成土地资源在城乡之间和区域之间的分割，需要尽快解决。但是大部分学者并没有抓住当前我国城市发展中土地资源存在问题的实质原因——土地没有实现资本化、市场化。

五　中国集体建设用地研究

随着我国改革开放的不断深入和经济社会的发展，土地作为一种稀缺资源的保护和作为生产要素的开发利用成为我国的一个重点，特别是对具有巨大潜力的农村集体建设用地的使用。因此，如何合理地优化集体建设用地的使用和配置，是非常重要的。

首先，我国目前的集体建设用地存在数量巨大、使用浪费的现象。根据我国《土地管理法》的规定以及各地具体情况，当前我国农村中，乡镇、村、村民小组之间拥有的土地有明确的界限和范围，面积比例约为1∶9∶90。叶剑平认为目前在我国农村，更多的土地使用权在农民个人手中，这样就存在集体建设用地使用效率低下的问题。朱林兴认为目前全国约有1700万公顷农村集体建设用地，数量巨大，且存在很严重的闲置和浪费情况。李树元等在利用指标体系对我国城镇建设用地进行分析的基础上，认为当前我国城镇建设用地存在粗放经营的问题，需要提高城镇土地的使用效率和集约化使用程度。

其次，多位学者对于我国集体建设用地使用方式和模式进行了研究。为了提高集体建设用地的产权配置效率、降低交易费用，叶剑平认为，集体建设用地所有权可以虚化，可以将所有权的许多权能让渡给使用权。申京诗建议，国家建设和城镇建设用地可以实行完全的政府征购制，征购农民集体土地应按照市场价格进行。岳晓武、雷爱先认为农村集体建设用地流转，需要首先明确集体土地所有权的主体及其权利，在符合法律规定和既有土地规划的前提下，按照自愿、有偿的原则，合理界定集体建设用地流转双方的权利和义务，正确处理土地流转收益的分配。

再次，对于集体建设用地使用改革，多位学者提出不同思路，希望能够释放农村土地的存量资产，以增加农民的财产收入。叶艳妹等认为，应该允许集体建设用地进入市场，直接参与小城镇和工业区建设，以大幅度降低农民进入小城镇和工业区的成本，通过集体建设用地流转的收益分配，可以提高农民的收入能力。赵燕指出完善我国现行土地流转制度，要最大限度地提高微观生产要素（土地、劳动力）的流动性；要打破现行的农村集体土地所有制，赋予农民合法的有保障的土地所有产，并通过农村土地制度的改革、城乡土地市场的统一，实现我国农村存量资产的增值，从而为农村经济发展提供资金支持。魏立华等研究了我国珠三角地区的土地制度和流转机制，认为目前我国已经进入"集体土地和国有土地共同构建城市的时期"，需要将集体建设用地使用权的流转和交易通过市场化的机制来运作，通过构建"农民收租—企业盈利—政府收税"的利益分配新格局，提高农村参与分享城市化进程收益和土地增加的份额和机会。叶剑平希望建立统一的集体建设用地市场，使农民共享城市发展和经济发展带来的土地增值收益；建立城乡统一的土地使用权市场，缩小城乡差距，实现社会稳定、和谐发展；实现集体土地由原来单纯的社会保障属性向土地资源属性、资本属性的转换，以实现土地的价值。

最后，也有很多学者对我国农村宅基地的使用进行了分析。宅基地在我国是一种非常重要的集体建设用地。由于我国的宅基地不能用于非农建设，城乡地带就产生了农村宅基地"地下交易"和"小产权房"等问题。宅基地使用权的流转问题，则成为热点话题。蒋省三认为我国农村宅基地具有明显的福利性质，其对于农民具有财产和商品双重属性，因此，需要从财产和保障等多角度来对宅基地进行改革。目前我国不少地区进行的"以旧房换取新房"的办法已经事实上承认了农民的房屋具有财产的性质。朱劲松建议应由开发商组织，按照新农村建设的统一思路，通过为农民建设集中聚居区置换宅基地的方式来换取差额土地建设指标，以解决我国城市发展土地短缺问题。韩康建议通过宅基地市场化的方式来解决农村宅基地的使用和产权问题，他提出了一种关于农村宅基地的"复合型所有制"，建议在既定政策下，将宅基地的物权赋予农民所有，集体对宅基地行使规划权和使用监督权。

六 建立全国建设用地指标交易市场的研究

目前，随着我国国内对于建设用地指标流转机制的研究，越来越多的学者注意到土地开发权交易对于建设用地流转的意义。通过土地开发权交易的方式来调节土地资源，在我国已经不是先例，改革开放初期，山东省济阳县孙耿镇就通过实行"地滚地"开发权模式对农村土地进行开发和转让；海南省也于1999年借鉴香港的"换地权益书"（胡存智、宫玉泉，1995）进行建设用地的转让。到了21世纪，我国东部地区对于建设用地开发权的改革和创新逐渐增多，如浙江省内部实行的区域间土地指标交易、安徽省马鞍山市和宿县之间的建设用地指标交易、重庆市的"地票"交易，都具有土地开发权交易的色彩。

此外，多位学者也从理论角度对建设用地市场交易机制进行了分析。韩纪江、任柏强通过分析我国粮食安全和城市化发展，以及借鉴国外土地开发权交易，建议将土地开发权交易引入建设用地，并且在全国范围内自由交易。袁志刚认为中国现行建设用地制度带来土地财政的弊端，因此应该通过市场主导的土地资本化，建立"土地资本化+农民市民化"的内生双轮驱动机制，实现我国城市化中人口和土地要素的共同发展。靳相木、沈子龙通过排污交易制度比较分析，建议我国建立新增建设用地的"配额—交易"机制，通过市场机制来配置建设用地指标。陆铭建议我国建立集体建设用地与农业劳动力同时流转的机制，实施劳动力和土地指标的同方向流动，其中可以把新增建设用地指标分配给农村劳动力，而宅基地就是与农村家庭相结合的建设用地指标。对于在城市中工作和生活，已经开始缴纳社会保险的农村劳动力，允许他们将建设用地指标（宅基地复垦可增加的建设用地指标）出让给就业和生活的城市，城市要为这些人提供户籍和社会保障、公共服务。这样不仅可以实现城乡间建设用地的流转，缓解现在城市发展的土地瓶颈，也可以加快我国的人口城市化进程。

对于建设用地指标市场交易机制可作如下表述。经济发展强劲的地区由于地价较高，可以购买建设用地指标，将本地农业用地转变为建设用地，增加城市发展的土地供给；经济发展落后的地区，由于地价较低，可以选择出售建设用地指标，从而获得建设用地出让收入。这样，各地区根据各自的成本—收益状况进行土地的交易和流转，最终会在全国范围内出现一个建设用地指标交易的市场，以及市场均衡时的交易价格。在此价格下，各地区可以充分实现本地土地要素资源的使用效益最大化。有的地方会因为获得足够多的城市建设用地，而加快城市化进程，促进经济发展；有的地区会减少非农用地和增加耕地数量，这有利于保障粮食安全，同时获得的建设用地出让收入也能促进本地经济发展。通过建设用地指标交易，发达地区会将经济增长的一部分收益，以用地指标价格的方式转移给经济相对落后的地区，这一方面有利于发达地区反哺落后地区，实现土地增值的均衡化；另一方面有利于提高落后地区保护耕地和提高耕地产量的积极性。

总体来说，建设用地指标的市场交易，有助于土地政策在全国范围内多重目标的实现和经济的帕累托改进，有助于实现土地的资本化、市场化、全国化和流动性。

第三章　加入土地流动的空间均衡模型

从克鲁格曼开始，经济学家开始研究资源在空间的配置和经济活动的空间区位问题。尤其是克鲁格曼提出的"中心—外围"模型，更是更加直观和准确地描述了劳动力和资本在城市与农村之间的流动。但是，"中心—外围"模型没有考虑到土地资源的流动对于城市扩展的影响，就不能准确地解释在处于城市化上升时期的国家中城市发展对于土地需求的变化过程，也就不能解释土地资源的变动对于城市聚集和城乡发展的影响。因此本文将在"中心—外围"模型的基础上增加对土地要素变动的分析，以便分析在经济上升时期，土地在城市发展中的变化动力机制以及在城市之间、城乡之间的变化机制，并为我国建设用地的改革提供理论借鉴和思考。

第一节　克鲁格曼的"中心—外围"模型

一　介绍

克鲁格曼在迪克希特和斯蒂格利茨垄断竞争的一般均衡分析的基础上，利用"冰山"理论，把空间引入一般均衡分析中，提出了"中心—外围"论（即 C－P 模型），说明了厂商收益递增、运输成本和要素流动性之间的作用机制。在该模型中，"中心区域"一般是指城市或城市聚集区域，"外围区域"是指经济较为落后的区域；中心与外围共同组成一个完整的空间系统。决定市场长期均衡的力量有两种：一是能引起经济向某一个区域聚集的力量，被称为聚集力；另一个是促进经济部门扩散的力量，这种力量主要来自市场竞争，被称为扩散力。正是这两种力量的长期作用决定了经济活动的空间分布和聚集规模。

在"中心—外围"模型中，克鲁格曼假设农民是不流动的，是一种离心力，因为他们消费两种不同类型的产品。向心力包括前向链接（工人接近消费品生产商的动机）和后向链接（生产商集中在大市场的动机）。当前向链接和后向链接都可以克服离心力时（农民的不可流动），经济就会聚集于固定的区域从而形成中心—外围模式。这种模式产生的条件是：工业品的运输成本足够低，产品种类差异性足够大，工业品的开支足够大。这个模型更主要关注的是运输成本的变化对产业空间聚集的影响。当运输成本很高时，厂商会分散在不同的区域，从而不会产生聚集现象，因为聚集带来的收益不足以弥补运输成本；当运输成本很低时，厂商才会聚集在某一个区域；但是当运输成本继续下降到足够低时，厂商又会分散。

后来，克鲁格曼又提出了"跑道经济"模型，将中心—外围模型推广到 12 个区域，这 12 个区域均匀分布，最终结果显示制造业等距离地聚集在位置相对的两个区域，从而导致中心地区形成系统的自组织。藤田昌久和克鲁格曼在中心—外围模型的基础上发展了城市体系模型。假定制造业的聚集地是城市，周围都被农村所围绕，且足够大，足以产生新的城市。只有一个变量是逐渐增加的，即人口。

综合克鲁格曼的分析，可以总结以下：影响城市发展的向心力是指城市吸引人口、资本、生产要素等在城市中产生更大经济产出的能力，即这些资源和市场等要素在空间的集中，主要包括资本、劳动力、中间投入品、产业结构、外部性、技术外溢等。离心力是在经济活动中不可分割的、不可流动的要素等，包括地租、拥挤成本、运输成本。当然还要看该要素产生效应的变化：若该要素的投入处于上升期间，则是向心力；若该要素投入超过一定数值，则成为离心力，如交通成本、通勤成本、居住成本等。另外，不同经济学家对向心力和离心力的解释是有一定差异的。例如，亨德森在他的模型中把外部性和本地化经济作为向心力，把拥挤或土地成本作为离心力。而克鲁格曼将土地和农民作为离心力，因为农业土地是不可流动的自然资源，而且假定农民在空间上的分布是均匀的。

总之，在空间经济学中，克鲁格曼等人都认为土地对于城市聚集是一种离心力，即土地要素制约了城市发展。

二　不足

克鲁格曼的"中心—外围"模型从劳动力和资本流动的角度分析了城市与农村发展变化的动力机制，可以说是目前关于城市发展的比较全面和深入的模型理论。

但需要强调的是，该模型并没有考虑到土地要素的影响。主要是因为以下几个方面。第一，土地在经济活动中并不是直接投入生产的，而是作为其他要素作用的载体，因此，土地要素的投入不能直接产出产品。第二，土地是不可流动的，这是与劳动力、资本等要素的重要区别。土地的不可流动就导致土地的价格受到其稀缺性的影响，因而不能像其他要素一样，通过流动来实现要素价格和价值的最大化。第三，在西方国家，土地是由私人所有的，因此，所有土地的需求和扩张都可以通过市场交易获得。第四，克鲁格曼的模型建立在西方国家城市化发展成熟的前提下，但是在城市化发展的上升时期，这一模型并不一定成立。因为，在城市化的上升时期，城市土地的价格一直呈现上升状态，而且相对于地租、土地拥挤成本等要素，土地产出的效率更高，也就是在总的土地产出和土地成本达到平衡之前，城市会一直呈现扩张趋势，而不会因为土地成本的过高而停止扩张。

此外，克鲁格曼的"中心—外围"模型准确分析了劳动力和资本在城市聚集中的流动机制，对西方国家城市发展具有很强的指导意义。但是这一理论并不能完全且准确地解释我国城市发展中土地需求的变化机制。因为，我国与西方国家存在很多差异性。

第一，城市发展阶段不同。空间经济学对于聚集的解释主要是基于城市化已经发展到成熟阶段。当城市发展到成熟阶段以后，城市规模基本达到一个合理边界，城市对于土地的需求呈现缓慢增长和局部变动的特征。而且，城市高度发达使得城市周边地租处于高位。因此，土地对于高度发达的城市就成为一种离心力，而且这种离心力要大于土地扩张所产生的聚集力。但是，我国的城市化还处于加速发展时期，还具有很大的上升空间。在城市化上升的过程中，土地对于城市聚集产生的离心力始终要小于城市土地扩张所产生的聚集力。因此，我国城市集聚中的离心力和向心力作用机制与西方城市并不完全相同。

第二，土地所有制不同。西方的土地是私人所有，因此在城市扩展的过程中，需求方只需要和土地所有者在市场上进行交易。但是我国土地是国有和集体所有，当城市发展需要土地时，首先要将集体土地征用为国有土地，然后才能进行交易或流转，这其中要涉及土地所有制的变化，还要涉及政府对于土地的管理，不是仅仅依靠市场交易就可以实现的。

第三，城市土地管理方式不同。西方国家虽然有城市规划，但是并没有城市土地的计划或指标，对于城市发展所带来的土地扩张，更多的是市场机制的调节。对于城市土地，我国实行建设用地指标制度，通过年度（或一段时期）建设用地指标的分解与划拨进行土地指标分配，这相当于一种计划性土地管理制度，这样就造成土地供给的有限性。在这样的体制下，土地供给和需求还更多地受到制度的制约和影响，土地在经济发展和城市扩张中的作用更加显著。

第四，克鲁格曼等人没有考虑土地资本化的作用。主流经济学一直认为土地是不可流动的，土地资源因此制约和影响了城市聚集的发展。但是随着金融证券的发展，土地资本化、土地证券化、土地发展权交易产生，将土地发展权以证券化的方式进行交易，可以实现土地资源的相对流动性。这样，土地的不可流动性相对于以前有所减弱。

第五，克鲁格曼没有分析城乡之间劳动力的流动。在克鲁格曼的模型中，他假设农民是不可流动的，不会流入到城市之中。但是在城市化发展到成熟阶段之前，总是存在农村劳动力向城市转移的现象。因此，我们可以通过构建模型，将农民流动与土地流动结合起来，即农民进城和土地城市化是同方向变动的。因此，在模型构建的时候，我们将农业劳动力的迁移与农村土地的流动结合起来，将农业劳动力的迁移看作农村土地流动的一个内容。

所以，克鲁格曼的"中心—外围"模型对我国城市发展具有一定的指导意义，但不完全符合我国国情，需要根据土地资源的基本特征以及城市发展趋势、土地资本化发展的方向对该模型进行一定的改进。

第二节　基于土地要素的"中心—外围"模型构建

一　模型的逻辑框架

（一）聚集力和分散力的分析

"中心—外围"模型中有三种效应。第一个是"市场接近效应"，指垄断企业倾向于选择市场规模较大的地区进行投资生产，并向规模较小的市场出售其生产的产品。第二个是"生活成本效应"，主要是指企业的集中能够影响本地居民的生活成本。企业聚集较多的地区由于产品种类和数量较多，且运输成本较低，所以该地区商品价格较低，本地区居民支付的生活成本也相对较低。第三个是"市场竞争效应"，是指在不完全竞争条件下，企业倾向于选择竞争者较少的地区进行生产。

在这三个效应中，前两种效应能够促使企业加速聚集，第三种效应则促使企业分散。所以前两种效应是聚集力，第三种效应是分散力。当市场接近效应或生活成本效应大于市场竞争效应时，任何初始的变化都将促使生产要素进一步聚集；当市场竞争效应大于前两种效应时，劳动力（工人）的迁移将会导致实际工资水平发生变化，并反过来影响劳动力（工人）的迁移，直到形成新的均衡状态。

在市场竞争效应中，企业对于竞争的激烈程度的选择，在一定程度上取决于市场的范围或者区域的面积。在其他条件一定的前提下，区域面积越大，竞争就越小。因此，城市土地面积扩大时，市场竞争效应是一种减弱的趋势，这就意味着土地流动性与土地产生的分散力呈负相关。土地的流动性越强，土地不可流动性产生的分散力就越弱。

当城市发展处于上升时期，城市产业不断发展，城市整体产出不断提高，城市面积也不断扩大，在这个过程中，城市进一步聚集产生的市场接近效应和生活成本效应以及市场竞争效应都在增加，但是前两种效应始终大于第三种，所以城市处于加速聚集过程。当城市化发展到成熟阶段，三种效应的变化处于稳定状态，城市局部地区土地的增加所带来的三种效应的不同变化，会导致不同的结果，即如果前两者效应大于市场竞争效应，那么城市会进一步扩展，各种要素会进一步流入；如果前两者效应小于市场竞争效应，城市分散力较大，那么城市资源会流出。

（二）基本假设

基于以上分析，我们对于空间经济学中"中心—外围"理论可以进行一定程度的改变。在原有两部门生产要素自由流动的前提下，增加以下前提条件。

（1）土地是可以资本化的。土地的资本化能够加速土地资源的流动，同时能够通过市场流转来充分实现土地资源的最佳配置。由于自然状态下的土地是不可流动的，所以土地对于生产活动产生很多限制。但是土地资本属性越来越强，通过资本化、证券化和发展权交易，土地可以实现市场流动性。

（2）土地是可以流动的。在两部门交易中，城市是不断扩张的，即土地从农业部门所在地区逐渐流入制造业部门所在地区。因为两地区之间进行交换时，由于制造业部分土地使用效率较高，在满足一定条件下，土地会自动流向制造业部门。

（3）土地资源和劳动力的流动是同方向的。即在城市土地面积不断扩大的同时，劳动力也会从农村转向城市，所以城市整体的市场会不断扩大。

考虑到农村劳动力的转移之后，模型中的要素变为三个，即土地、制造业劳动力和农业劳动力。由于我们假设在城市化进程中，土地向城市集中和农村劳动力流动是同方向的，将农业劳动力的转移看作土地向城市集中的一部分，因此，在该模型中实际为两个要素：土地和制造业劳动力。关于制造业劳动力的假设，我们基本按照克鲁格曼的"中心——外围"模型的假设。

二　消费者和生产者行为分析

（一）消费者行为分析

消费者行为依然遵循克鲁格曼的分析，即按照迪克西特－斯蒂格利茨模型来进行。

1. 工业品组合的不变替代弹性函数

因为所有消费者都具有相同偏好，所以其效用由柯布－道格拉斯函数形式表示：

$$U = M^{\mu}A^{1-\mu} \tag{3.1}$$

其中，U 表示制成品消费的综合指数；A 表示农产品消费量；μ 为常数，表示制成品的支出份额。而且，U 是定义在制成品种类的连续空间上的子效用函数，符合不变替代弹性函数（CES）：

$$M = \left[\int_0^n m(i)^{\rho} di\right]^{1-\rho}, 0 < \rho < 1 \tag{3.2}$$

在式（3.2）中，ρ 表示消费者对于制成品多样性的偏好程度。当 ρ 趋近于 1 时，差异化产品几乎是完全替代的；当 ρ 趋近于 0 时，消费者消费更多种类产品的愿望就会越强。令 $\sigma \equiv 1/(1-\rho)$，则 σ 表示任意两种制成品之间的替代弹性。

再假定：P^A 为农产品的价格，$p(i)$ 为每种制成品的价格，Y 为预算约束，那么消费者的效用函数就是：

$$P^A A + \int_0^n p(i)m(i)di = Y \tag{3.3}$$

接下来对其进行求解。

2. 工业品需求函数和工业品价格函数

消费者效用最大化需要解决两个问题，第一是消费者支出最小化。即：

$$\min \int_0^n p(i)m(i)di$$
$$s.t. \left[\int_0^n m(i)^\rho di\right]^{1/\rho} = M \tag{3.4}$$

解决次支出最小化问题，使得式（3.4）的一阶条件是边际替代率等于价格比率，则对于任意的 i 和 j，都有：

$$m(i) = m(j)\left(\frac{p(j)}{p(i)}\right)^{1/(1-\rho)} \tag{3.5}$$

将式（3.5）带入约束条件，可以得到第 j 种制成品的补偿需求函数：

$$m(j) = \frac{p(j)^{1/(\rho-1)}}{\left[\int_0^n p(i)^{\rho/(\rho-1)}di\right]^{1/\rho}}M \tag{3.6}$$

同时，也可以得到获得制成品 M 的最小支出的表达式，在方程（3.6）中对 j 求定积分，可以得到：

$$\int_0^n p(j)m(j)dj = \left[\int_0^n p(i)^{\rho/(\rho-1)}di\right]^{(\rho-1)/\rho}M \tag{3.7}$$

其中，方程（3.7）中右边的第一项为价格指数，即制成品的价格指数 G 为：

$$G = \left[\int_0^n p(i)^{\rho/(\rho-1)}di\right]^{(\rho-1)/\rho} = \left[\int_0^n p(i)^{1-\sigma}di\right]^{1/(1-\sigma)} \tag{3.8}$$

其中，$\rho = (\sigma - 1)/\sigma$。

由于价格指数与数量组合的乘积就是消费支出（见方程3.7），所以，价格指数 G 就是获得以单位制成品组合的最小成本。

3. 农产品和工业品的组合需求函数

消费者效用最大化的第二个问题是在农产品和制成品之间的选择，即：

$$\max U = M^\mu A^{1-\mu}$$
$$s.\,t.\,GM + p^A A = Y \tag{3.9}$$

对此方程求解，可以得到：

$$M = \mu Y/G \text{ 和 } A = (1 - \mu)Y/P^A \tag{3.10}$$

对上述两式改写可得：

$$MG = \mu Y \text{ 和 } AP^A = (1 - \mu)Y \tag{3.11}$$

其中，Y 为收入水平，由于没有储蓄，所以收入即为支出水平。同时可以看出，工业品的份额为 μ，农产品的份额为 $(1 - \mu)$。

4. 间接效用函数和价格指数

根据农产品价格、工业品价格和消费者的收入水平，可以得到间接效用函数：

$$U = \mu^\mu (1 - \mu)^{1-\mu} Y G^{-\mu} (p^A)^{-(1-\mu)} \tag{3.12}$$

其中，由工业品和农产品价格组成的项为该消费者面临所有消费的完全价格指数，即：

$$G^{-\mu} (p^A)^{-(1-\mu)} \tag{3.13}$$

此外，经济生产活动中，工业制成品的种类多样性是一个内生变量，能够影响消费者的消费选择。当工业品种类增加时，工业品的价格指数会相对下降，获得一定效用的消费支出会相对降低，或者说在一定收入水平下消费者可以得到的效用是增加的。同时，随着工业品种类的不断增加，产品的需求曲线也会向下移动，这样产品之间的替代弹性越大，也就意味着工业生产之间的竞争强度在提高。

（二）生产者行为分析

我们在原有迪克西特－斯蒂格利茨的生产者行为模型基础上进行修改。迪克西特－斯蒂格利茨的模型是从企业的角度来分析利润最大化的，认为企业对于生产经营活动的选择导致各种生产要素（主要是劳动力）在不同地区之间流动。但是，研究土地问题，不仅仅要从企业的角度分析，更应该从城市的角度来分析，因此，本书将城市看作一个规模很大的企业，城市的生产经营活动带来其他生产要素的流动，城市生产经营活动所需要的资源就包括了劳动力和土地。

1. 利润最大化

依旧假设农产品是完全竞争的，且采用收益不变的技术进行生产。工业制成品的生产存在规模经济，且规模经济只在产品种类水平上存在。

假设，所有地区所有工业品的生产技术都相同，固定投入为 F，劳动的边际投入为 c^M，土地的边际投入为 n^M。

迪克西特－斯蒂格利茨的模型中只有一个生产要素投入即劳动，现在我们加入土地投入（比如城市建设用地指标），在一个地区生产数量为 q^M 的产品需要 l^M 的劳动投入和 n^M 的土地投入。则公式如下：

$$l^M + n^M = F + c^M q^M \tag{3.14}$$

由于规模经济、消费者偏好差异以及无限种类产品的存在，城市中的厂商会选择生产与其他产品不同种类的产品，这就意味着在一个地区，一种产品只由一个专业化厂商生产，所有商品都是充分竞争的，所以厂商的数量与产品种类相同。

现在来考虑厂商的利润最大化。

将城市 r 看作一个厂商。该厂商的工资率是给定的，土地价格也是给定的，产品的出厂价格为 p_r^M，则利润函数为：

$$\pi_r = p_r^M q_r^M - w_r^M(F + c^M q_r^M) \tag{3.15}$$

其中，

$$q_r^M = \mu \sum_{s=1}^{R} Y_s \left(p_r^M T_{rs}^M \right)^{-\sigma} G_s^{\sigma-1} T_{rs}^M \tag{3.16}$$

在价格指数给定的条件下，假设所有的厂商都会自主制定产品价格。

这样，公式（3.14）和公式（3.15）就为在劳动力和土地投入条件下的生产者行为分析。这是两个变量，即劳动力和土地。由于我们分析的是城市化加速时期，此阶段土地向城市集中的过程中有两个特征：第一，土地价格对于厂商生产行为具有很大影响力，土地价格过高会导致生产者在价格较低的地区生产，且土地成本在生产者总成本中具有较大比重；第二，劳动力在由农村向城市转移的过程中，供给充足，因此劳动者的工资变化受市场影响较小，而受诸如劳动法等政策影响较大。这样，在一定程度上可以理解为，工资的变化受土地供给变化的影响。城市化上升时期，城市土地面积扩张带来对农村土地的占用和农村劳动力的引入，也就是人口的城市化和土地的城市化，这两个过程是同步的，而且土地的城市化相比人口的城市化更加重要。因此，我们在计算中将土地价格变动看作内生变量和决定性因素，而将劳动力工资看作受土地价格变动影响的因素。

所以，我们在计算土地要素流动对城市的空间影响时，只考虑土地要素。公式（3.14）和公式（3.15）就可以变为：

$$n^M = F + n^M q^M \tag{3.17}$$

$$\pi_r = p_r^M q_r^M - w_r^M \left(F + c^M q_r^M \right) \tag{3.18}$$

由利润最大化条件可以得到：

$$p_r^M = c^M w_r^M / \rho \tag{3.19}$$

由于我们假设厂商是可以在城市间自由进出的，所以地区 r 的厂商利润为：

$$\pi_r = w_r^M \left[\frac{q_r^M c_r^M}{\sigma - 1} - F \right] \tag{3.20}$$

则均衡产出和均衡土地的投入分别为：

$$q^* \equiv F(\sigma - 1)/c^M \tag{3.21}$$

$$n* \equiv F + c^M q^* = F\sigma \tag{3.22}$$

2. 城市土地价格方程

对公式（3.16）进行变形，得：

$$(p_r^M)^\sigma = \frac{\mu}{q^*} \sum_{s=1}^{R} Y_s (T_{rs}^M)^{1-\sigma} G_s^{\sigma-1} \tag{3.23}$$

将公式（3.19）带入公式（3.22），计算并变形可以得到土地价格的定价方程：

$$n_r^M = (\frac{\sigma-1}{\sigma c^M}) [\frac{\mu}{q*} \sum_{s=1}^{R} Y_s (T_{rs}^M)^{1-\sigma} G_s^{\sigma-1}] \tag{3.24}$$

用名义地价除以价值指数就可以得到实际地价（v_r^M），那么：

$$v_r^M = n_r^M G_r^{-\mu} (p_r^A)^{-(1-\mu)} \tag{3.25}$$

由于公式过于复杂，而我们可以自由选取计量单位，所以我们可以变换简化公式：

令 $c^M = \dfrac{\sigma-1}{\sigma} = \rho$，则定价方程（3.24）变为：

$p_r^M = w_r^M$，同时有 $q^* = n^*$；

令 $F = \mu/\rho$，则 $q^* = n^* = \mu$；

则地价方程变为：

$$n_r^M = \sum_{s=1}^{R} Y_s (T_{rs}^M)^{1-\sigma} G_s^{\sigma-1} \tag{3.26}$$

为简化条件，我们设想一个两地区模型，则价格指数由两地区地价水平加权得到：

$$G_1^{1-\sigma} = \frac{1}{\mu} [L_1 n_1^{1-\sigma} + L_2 (n_2 T)^{1-\sigma}]$$

$$G_2^{1-\sigma} = \frac{1}{\mu} [L_1 (n_1 T)^{1-\sigma} + L_2 n_2^{1-\sigma}] \tag{3.27}$$

则地价方程可以变为：

$$n_1^\sigma = Y_1 G_1^{\sigma-1} + Y_2 G_2^{\sigma-1} T^{1-\sigma}$$
$$n_2^\sigma = Y_1 G_1^{\sigma-1} T^{1-\sigma} + Y_2 G_2^{\sigma-1}$$

$$(3.28)$$

三　均衡分析和数值模拟

（一）假定

假定整个经济体由两个部门组成，制造业部门 M 和农业部门 A，制造业部门是垄断竞争，而农业部门是完全竞争。这两个部门使用两种要素，即劳动力和土地。随着城市化发展，城市土地面积不断扩大，农村劳动力向城市转移带来城市劳动力市场的变化，因此，劳动力工资水平受到土地城市化的影响。所以，我们假定两个部门只使用一种生产要素：土地，还假定两个部门的要素供给量不变。

资源的地理分布由外生因素和内生因素共同决定。假设地区数量为 R，农民的全部数量为 L^A，每个地区的劳动力数量是外生的，记为 ϕ，制造业工人的数量为 L^M，并用 λ_r 来表示地区 r 的制造业劳动力的份额。即可以表达为 $L^M = \mu$ 和 $L^A = 1 - \mu$。

各地区之间运输成本（T）按照克鲁格曼原来的分析，使用"冰山"的形式来表示制造业工业品的运输成本，如果 1 个单位的工业品运往其他地区，那么只有 $1/T_{rs}$ 单位的工业品可以运抵目的地。同样，按照克鲁格曼的假设，农产品的运输是没有成本的。

城市对于土地要素的使用是不断增长的。但是在城市化加速时期，城市对于土地要素使用量很大，导致土地供给受到自然因素的制约。因此，在土地发展权交易和土地证券化理论的基础上，我们假设土地全部按照土地资本的形式分布，这样，城市发展对于土地的需求采用土地资本交易的形式获得。因此，土地要素（土地资本）会在不同城市之间进行流动。按照资本获利性的原则，土地资本就会向地价水平较高的地区流动。

在该模型中，各地区之间制造业的分布在任何时间上都是给定的，且这种分布会随着地区间地价水平的变化而变化；同时，该地区实际的地价水平与制造业的分布有着紧密的关系。

(二) 短期均衡

同样按照克鲁格曼的4R方程的形式对土地要素影响进行空间均衡。因此，需要对各地区的收入、价格指数、地价水平等进行重新界定。

①收入方程。

由于农产品的运输成本为零，各地区之间农民的工资相同，由于之前选择制造业工业和农业农民的数量分别为 μ 和 $1-\mu$ ，则 r 地区的收入为：

$$Y_r = \mu \lambda_r n_r + (1-\mu)\phi_r \qquad (3.29)$$

②价格指数。

公式 (3.27) 已经计算了两地区的工业制成品的价格指数。同时，由于地区 s 的制造业工人数量为 $L_s^M = \mu \lambda_s$ ，因此价格指数可以写为：

$$G_r = \left[\sum_s \lambda_s \left(n_s T_{sr} \right)^{1-\sigma} \right]^{1/1-\sigma} \qquad (3.30)$$

③名义地价。

公式 (3.28) 已经计算了两地区名义地价水平。我们可以将其按照地区 r 进行修改：

$$n_r = \left[\sum_s Y_s T_{rs}^{1-\sigma} G_s^{\sigma-1} \right]^{1/\sigma} \qquad (3.31)$$

④实际地价。

公式 (3.25) 已经计算了实际地价水平。在此，可以重新定义土地的实际地价，由于制造品在工人支出中的份额为 μ ，所以：

$$v_r = n_r G_r^{-\mu} \qquad (3.32)$$

（三）修改后的"中心—外围"模型及数值模拟

在以上分析的基础上，我们可以重新表达该模型的 4R 方程。

$$Y_1 = \mu \lambda n_1 + \frac{1-\mu}{2} \tag{3.33}$$

$$Y_2 = \mu(1-\lambda)n_2 + \frac{1-\mu}{2} \tag{3.34}$$

$$G_1 = \left[\lambda n_1^{1-\sigma} + (1-\lambda)(n_2 T)^{1-\sigma}\right]^{1/1-\sigma} \tag{3.35}$$

$$G_2 = \left[\lambda(n_1 T)^{1-\sigma} + (1-\lambda)n_2^{1-\sigma}\right]^{1/1-\sigma} \tag{3.36}$$

$$n_1 = \left[Y_1 G_1^{\sigma-1} + Y_2 G_2^{\sigma-1} T^{1-\sigma}\right]^{1/\sigma} \tag{3.37}$$

$$n_2 = \left[Y_1 G_1^{\sigma-1} T^{1-\sigma} + Y_2 G_2^{\sigma-1}\right]^{1/\sigma} \tag{3.38}$$

$$v_1 = n_1 G_1^{-\mu} \tag{3.39}$$

$$v_2 = n_2 G_2^{-\mu} \tag{3.40}$$

按照克鲁格曼的"中心—外围"模型，上面的 4R 方程组明显是有解的。为了得到结论，我们按照克鲁格曼的计算和模拟方式，对一些外部条件进行设定，以便于得到方程的数值解。

设 $\sigma = 5$，$\mu = 0.4$，对运输成本 T 进行改变，就可以得到不同运输成本下土地的价格差。我们假设 $T = 3.2$，$T = 1.3$ 和 $T = 1.8$，即按照运输成本较高、较低和中等进行选择，则图 3 - 1 ~ 图 3 - 3 可以充分反映土地价格差与土地资本份额的关系。

图 3 - 1 为运输成本较高时土地价格差的变化。在图 3 - 1 中，当 $\lambda <$ 1/2 时，地区之间的土地价格差为正值；当 $\lambda > 1/2$ 时，土地价格差为负值。这说明，如果一个地区拥有土地资本较多，那么该地区对于劳动力和资本的吸引力就不如土地资本较少的地区。这时，经济活动将会明显收敛于长期对称均衡，此时制造业会在两个城市之间平均分布。

图 3 - 2 为运输成本较低时土地价格差的变化。相比于图 3 - 1，图 3 - 2 表现为土地价格差随着 λ 单调上升。这说明，一个地区土地资本

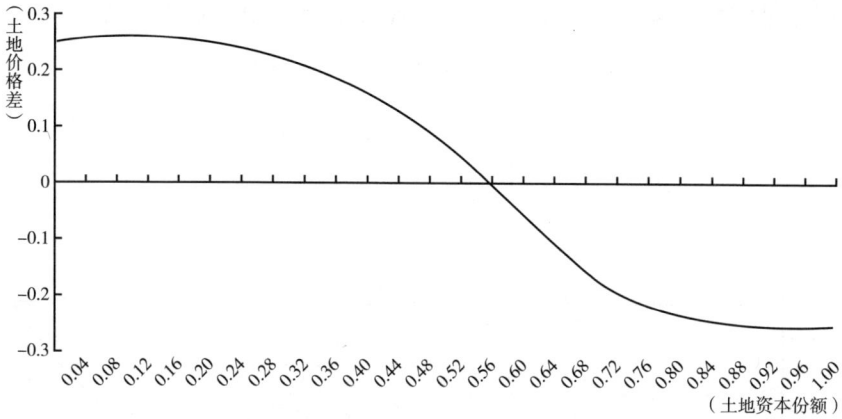

图 3-1　$T=3.2$ 时土地资本份额与土地实际价格差的关系

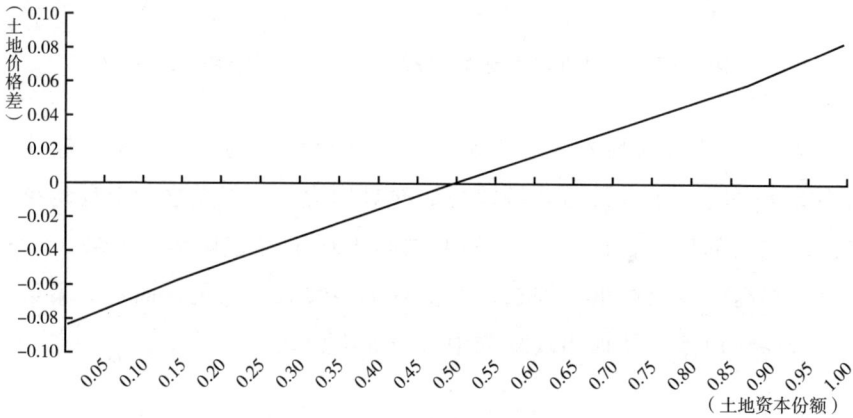

图 3-2　$T=1.3$ 时土地资本份额与土地实际价格差的关系

份额越大，该地区对于资源的吸引力就越大。在其他条件不变的情况下，如果一个地区土地资本较多（大城市），那么会带来两方面的影响：一方面城市面积不断扩大会导致该地区市场规模不断扩大，从而使得本地市场竞争效应增大（后向关联）；另一方面，城市面积的扩大会带来产品数量和种类的增加，从而降低制成品的价格指数（前向关联），并能够加速城市的聚集。

但是，这种情况下，制造业在两地之间的分布并不是稳定的。一个地区土地规模发生一点变化，就会导致这个地区制造业不断流入，另一个地区的制造业则不断流出，最后所有制造业都聚集在一个地区。

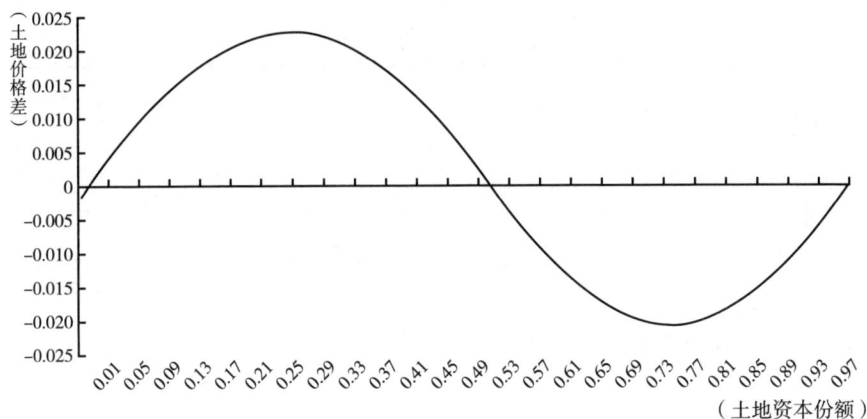

图 3-3　$T = 1.8$ 时土地资本份额与土地实际价格差的关系

图 3-3 为运输成本为中等水平时土地价格差的变化。当运输成本为中等水平时，土地价格差呈现局部的对称均衡。但是这种对称均衡只是出现在局部地区，在图 3-3 的两侧则出现不稳定均衡，如果 λ 的初始值足够高或者足够低，那么该经济就不会收敛于均衡，而是会聚集于某一个局部地区，从而出现新的中心—外围模式。

四　结论

根据以上的分析，我们可以看出：土地（资本）通过空间流动机制，实现了空间范围内的均衡；在满足前述的假设条件下，消费者和生产者（包括城市政府）都实现了效益的最大化。这也就说明，土地在生产活动和空间聚集过程中的作用是非常重要的。尤其是，在自然土地基础上衍生出来的土地资本、土地证券和土地发展权的交易能够克服自然土地不可流动的障碍，从而起到加速城市聚集的作用，同时也可以促进城乡之间的均衡发展。

　　需要说明一点，以上的分析，仅仅是针对土地资本形式流动对空间聚集的影响，建立的仅仅是短期均衡模型，并且有着诸多限制条件。今后可在此基础上对该模型进行深入扩展，并研究土地流动空间模型的长期均衡机制。目前对于短期均衡的分析，已经可以从理论上说明土地资源的流动对于空间经济活动的影响。

　　可以说土地要素（资本）的流动对于城市的聚集和城乡均衡发展起着至关重要的作用，这点对我国当前城市化发展具有重要理论意义。我国现阶段，土地所有制的特殊性以及相关土地政策，限制了土地资源在全国范围内的合理流动，人为地造成了土地市场的分割；土地流动没有与劳动力向城市转移的过程结合起来，没有建立有效的土地流动机制，土地由农村向城市转移落后于劳动力向城市的转移；同时，我国土地还没有实现充分的资本化，土地资源没有充分实现其资本的功能，我们不能充分利用土地的特性实现生产要素在空间范围内的合理配置。以运输成本较高时为例，在理论上一个地区拥有较多土地资源（资本）时，就会对劳动力和资本的吸引力降低；而拥有土地资源（资本）较少的地区会对劳动力和资本有较强的吸引力，这样才可以实现经济活动的均衡。但是在现实中，我国情况恰恰相反，拥有较多建设用地指标的地区对其他资源具有更强的吸引力，而建设用地指标较少的地区经济发展相对较慢。这一现象与模型中的结论相反，这说明，当前我国土地资源（资本）流动的模式是不合理的。

　　在城市化加速时期，我国有必要建立和完善土地市场机制。一方面，通过土地资本化、证券化，加速土地的市场流动；另一方面，保证土地的城市化与人口的城市化合理、均衡发展。只有建立有效的土地流动机制，才可以实现我国城乡均衡发展和城市体系的合理构建。

第四章　中国城市化与
建设用地变化

第一节　中国城市化现状及未来土地需求

新中国成立60多年以来，我国城市化迅速发展，已经取得了巨大的成就。1949年，我国城市化率只有10.64%；1960年上升到19.75%；1960~1975年城市化有所降低；改革开放以后，城市化率逐步提高，1978年为17.9%，2000年为36.22%，到2016年达到57.35%。1978年以来，我国城市化率年均增长1.01个百分点；2000年以来，城市化速度明显加快，城市化率年均增长1.24个百分点，我国已经进入了城市化加速发展时期（见图4-1）。

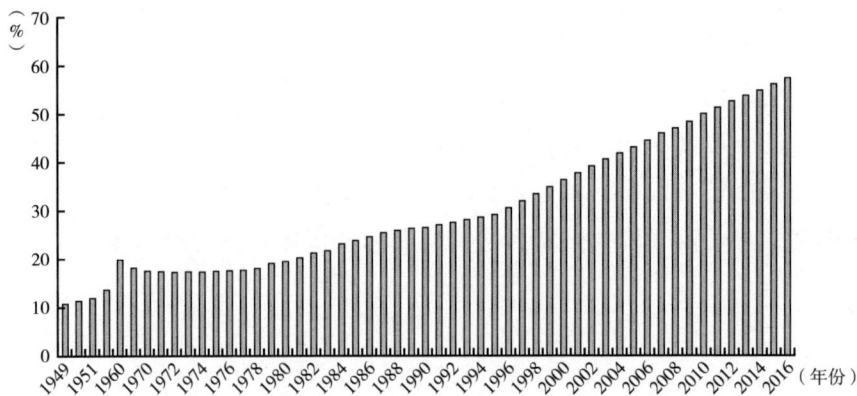

图4-1　中国1949~2016年城市化率

资料来源：历年中国统计年鉴。

一　中国城市化现状

总结 60 多年来城市化发展历程，中国城市化的快速发展突出表现为城市数量的增加、城市人口的快速增长，以及城市土地面积的不断扩大。

（一）城市数量迅速增加

新中国成立之初只有 132 个城市，到 1980 年改革开放之初有 223 个城市，1990 年城市的数量增长到 467 个，2008 年则达到 655 个，截至 2016 年全国城市数量为 653 个。城市数量的快速增加，充分反映了我国城市化水平的不断提高。

同时，中国大城市的数量增加也较快。地级以上城市由 1978 年的 111 个增加到 2016 年的 293 个。100 万人口以上城市，1949 年仅有 10 个，1980 年发展到 15 个，1990 年为 31 个，2015 年达到 140 个。到 2016 年，我国人口 1000 万以上的城市有 6 个，500 万~1000 万的城市有 10 个（见表 4-1）。这些说明我国城市规模的不断扩大和城市实力的不断提升。尤其是 2010 年以来，北京、上海等城市提出建设"世界

表 4-1　改革开放以来我国城市数量规模变化

单位：个

城镇类型	1978 年	2010 年
城市数量	193	654
1000 万人口以上城市	0	3
500 万~1000 万人口城市	2	11
200 万~1400 万人口城市	8	30
100 万~1200 万人口城市	19	81
50 万~1100 万人口城市	35	116
20 万~150 万人口城市	80	150
20 万人口以下城市	46	266
建制镇	2173	20401

资料来源：中国统计年鉴和 2010 年第六次人口普查数据。2014 年只有城市数量、建制镇数量的数据，没有城市分类的数据。

城市"的目标，这说明我国大城市的发展不仅已经追赶上世界先进城市水平，个别城市也在向着世界顶级城市行列迈进。

与此同时，我国还有着数量庞大的小城镇，2016 年全国共有 20883 个小城镇，其中，镇区人口在 20 万以上的小城镇有 56 个，10 万～20 万的有 267 个，镇区人口 5 万以上的合计达到 1128 个。这些小城镇以国外的标准来看，完全就是小城市。

专栏 1　国外城市的设立标准

国际上对城市设立并没有统一的标准，多数国家都规定了城市必须达到的人口下限。

美国各州对城市设立标准的规定很不一致，多数州规定，凡欲设立城市至少须有一定数量的人口，有的州还规定至少须有一定数量的面积。比如：伊利诺伊州规定人口须至少有 1000 人，面积须 4 平方英里，始准申请设市；而印第安纳州规定了五等城市的人口标准，最低的五等城市为 2000～10000 人，而人口 2000 以下为小市镇。

加拿大设市的人口标准在不同省份和地区往往不同，如安大略省设市人数下限为 1000 人，而艾伯塔省仅为 100 人。

日本《地方自治法》规定了町村要改为市必须具备定性和定量两方面的标准，比如：人口须在 5 万以上（但政府为推动町村合并，也作出过 3 万人即可设市的特例），市区户数和工商业人口均占 60% 以上，以及具备所在都道府县条例规定的城市设施及其他作为城市所必需的条件。1999 年以来，日本中央政府为了进一步推进地方社区的合并，不断降低设市条件。例如，2004 年修改的《市町村合并特例法》规定：如果 2010 年 3 月 31 日之前合并成市，只要人口达到 3 万就可以，其他条件可以不考虑。

资料来源：刘君德等：《中外行政区划比较研究》，华东师范大学出版社；李燕、顾朝林：《日本当代城市制度研究》，《日本研究》2013 年第 2 期。

我国城市和小城镇数量的增加，一方面带来人口的大量积聚，另一方面也带来了中国城镇区域的不断扩大。这两方面为中国经济集聚效应的发挥提供了良好的机会和前提。

（二）城市人口快速上升

中国城市化是世界上规模最大的人口城市化进程。1978 年中国城市人口为 1.72 亿，以后随着改革开放的发展，我国城市人口的比重逐渐快速上升。到 1980 年我国城市人口达到 1.9 亿，1990 年我国城市人口约为 3.02 亿，2000 年达到 4.59 亿，2010 年达到 6.7 亿，2016 年约为 7.93 亿人。改革开放以来，我国城市人口增加了 6.2 亿人，年均增加 1633 万人；2000 年以来，我国城市化速度进一步加快，2000～2016 年，我国城市化率从 36.22% 增长到 57.35%，平均每年有 2087 万农村人口进入城市和小城镇（见表 4－2）。

表 4－2　历年中国城市人口及城市化率

年份 （年末）	总人口	城镇		乡村	
		人口数（万）	比重（%）	人口数（万）	比重（%）
1949	54167	5765	10.64	48402	89.36
1950	55196	6169	11.18	49027	88.82
1960	66207	13073	19.75	53134	80.25
1970	82992	14424	17.38	68568	82.62
1980	98705	19140	19.39	79565	80.61
1990	114333	30195	26.41	84138	73.59
2000	126743	45906	36.22	80837	63.78
2010	134091	66978	49.95	67113	50.05
2016	138271	79298	57.35	58973	42.65

资料来源：国家统计局历年年鉴。

中国的城市化统计数据有常住人口城镇化率和户籍人口城镇化率两种。2016 年我国常住人口城镇化率为 57.35%，但是户籍人口城镇化率只有 41.2%，两者之间差距 16.15 个百分点。转换为人口数字为 7.93 亿城镇常住人口和 5.7 亿城镇户籍人口。这 2.23 亿常住在城镇的农村户籍人口由于没有城市户口，难以享受与当地户籍人口同等的公共服务。

在中国城市化进程中，人口在空间上的变动还表现为不同人口规模在城市之间的分布。按照 2014 年国家颁布的最新城镇规模标准，对城镇进行分组分析发现，处在规模两头的城镇吸纳人口的速度明显较快。如表 4 - 3 所示，从各类城镇的人口数量结构来看，在第五次人口普查到第六次人口普查的十年间，1000 万以上的超大城市和 50 万以下的小城市（包括下辖建制镇）人口的增长速度都超过了 50%，而人口在 50 万以上的各类城镇中，随着城镇规模的扩大，人口的增长速度也呈现加速状态。这说明，在我国城市化进程中，人口向大城市和特大城市集中仍是主要趋势。当然，也需要注意小城市及辖区内的建制镇在城市化过程中吸纳人口的重要作用。

表 4 - 3 不同规模城镇吸纳人口及增长状况

城镇规模	第五次人口普查(万)	第六次人口普查(万)	增长率(%)
1000 万以上	4867.8	7334.59	50.68
500 万 ~ 1000 万	4127.45	5951.83	44.2
300 万 ~ 500 万	3025.94	4254.38	40.6
100 万 ~ 300 万	6606.91	9290.08	40.61
50 万 ~ 100 万	7436.62	9866.39	32.67
50 万以下	19857.7	30323.18	52.7
合计	45922.42	67020.44	45.94

资料来源：第五次和第六次全国人口普查。

专栏 2 不同规模城市人口增长的国际规律

从国际经验看，人口向大城市集聚是城镇化的必然趋势。根据联合国《世界城镇化展望 2014》的分析，1970 ~ 2011 年，生活在 1000 万以上城市的人口占全部城市人口的比重从 2.9% 提高到 9.9%，提高了 7 个百分点。与此同时，生活在 100 万 ~ 500 万、50 万 ~ 100 万规模的城市的人口比重分别提高了 3.34 个百分点和 0.5 个百分点，而生活在 50

万以下城市的人口比重却持续下降，总计下降了 10. 6 个百分点。与此同时，联合国也对未来到 2025 年的人口进行了预测，预计到 2025 年，全世界 50 万以上城市的人口将持续上升，其中，1000 万以上城市的人口增长最快，占比将达到 13. 6%。

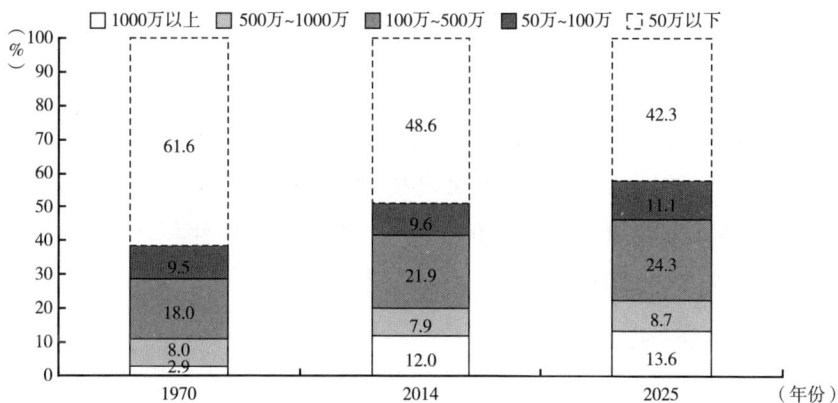

世界不同规模城市吸纳人口数量和占比变化

资料来源：United Nations, *World Urbanization Prospects*: *The* 2014 *Revision*, New York, 2014。

（三）城市土地面积不断扩大

在城市数量和城市人口不断增加的同时，为了容纳更多的人口和产业布局，土地的城市化也迅速发展，主要表现为城市化区域不断扩大，城市建成区空间不断扩展。有学者根据遥感卫星数据进行分析，认为在城市人口快速增长的同时，城市建成区面积也快速扩大。例如，李元（1997）利用我国 31 个特大城市的遥感卫星数据对土地利用空间扩展情况进行分析，发现 1986 ~ 1995 年这 31 个城市的建成区平均增长了超过 50%（顾杰，2010）。

根据国土部门相关数据，改革开放以来我国城市建设用地面积迅速增加（见图 4 - 2）。1981 年我国城市建设用地面积为 6720 平方千米，

1990 年为 1.16 万平方千米；到了 21 世纪，城市建成区面积增加更加迅速，2001 年我国城市建设用地面积为 2.4 万平方千米，2010 年为 3.98 万平方千米，到 2015 年达到 5.16 万平方千米。30 多年来我国城市建设用地面积增长迅速，1981～1990 年间增长了 73%，1990～2000 年间增长了 90%，2000～2010 年间增长了 80%，2010～2015 年增长了 30%。单纯从增长速度来看，20 世纪 90 年代以来，我国城市建设用地面积的增长就已经进入快速发展时期，有些个别年份的增长速度超过 10%。但是，从城市建设用地面积的数量来看，2000 年以来城市建设的速度更快，2000～2015 年全国城市建设用地增加了 2.95 万平方公里，占 2015 年全部城市建设用地面积的 57%，可见，2000 年以来我国城市扩张的速度非常快（见图 4-2）。

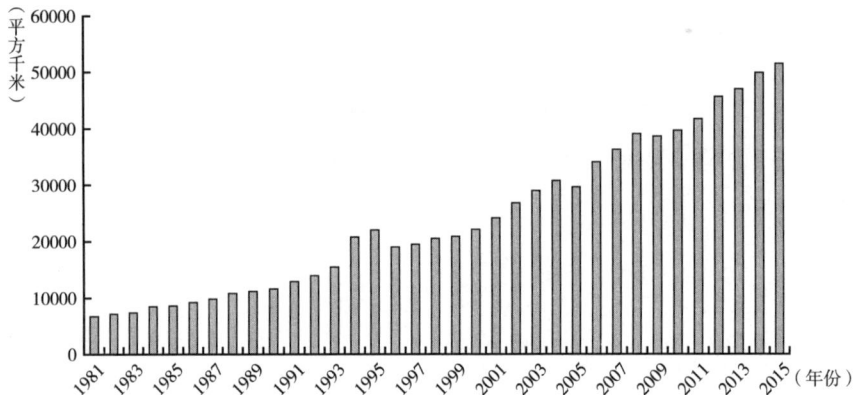

图 4-2　1981～2015 年中国城市建设用地面积变化情况

（四）总结

从国际城市化发展的规律和经验来看，城市化率达到 30% 以上，就意味着城市进入高速发展时期。而 2010 年我国城市化率达到 47.5%，说明我国城市化已经处于高速发展时期，城市发展对于土地的需求进一步提高，城市化带来的土地聚集效应逐步加强，因此应该给予城市足够的土地资源，加速城市发展的进程，提升城市聚集效应的发挥。同时，我国部分城市已经处在由城市化中级阶段向高级阶段转变的过程中，这就要求它们在积极扩张的同时，要加强土地的集约利用，不断提高城市综合质量。总的来说，未来很长一段时期内，努力增加城市建设用地的供给将是我国城市发展面临的一个重要任务。

二　未来中国城市化发展的土地需求

（一）城市化带来的土地压力

许多发达国家的经验表明：城市化率达到30%以上，城市对土地的需求快速上升，耕地占用规模也会出现加速上升趋势。目前，我国正处于城市化加速时期，特别是2010年城镇化率已经达到47.5%，2016年更是达到57.35%，这说明我国城市化发展，对土地的需求将会进一步上升，耕地占用也会增多。尤其是东部地区城市化水平相对更高，城市化率已经超过64%，并向着70%的城市化高级阶段发展，土地需求将会进一步上升。

专栏3　基于经济增长的中国城镇化预测

从经济增长速度的变化情况来判断，未来中国城镇化速度会缓慢下降。近十几年来，随着宏观经济的稳步增长，中国城镇化水平也在稳步提升。对比2000～2016年GDP增长速度和城镇化率增长速度的变化轨迹，可以发现两者趋势非常接近，即在GDP增长速度较快的年份，城镇化率增长速度也相对较快，GDP增长速度回落的年份，城镇化增速也会有所回落，而且这一趋势在2005～2014年特别明显。2015年受其他因素的干扰，城镇化率增速出现反弹，但总体走势仍是下降的。

2000～2016年，城镇化率增速与GDP增速的比值在0.11～0.19之间波动，可见GDP增长速度每变化1个百分点对应的城镇化率的变化相对稳定。这意味着，当GDP增长速度下滑时，城镇化的速度也会相应下滑，并且以0.15为中心线，在0.11～0.19之间变化。

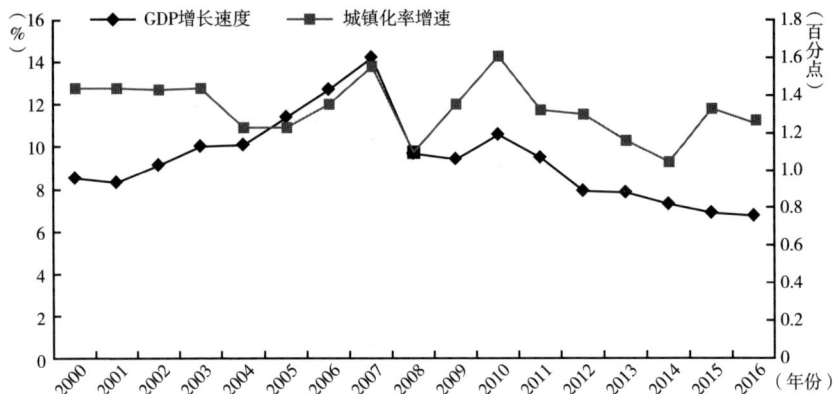

2000～2016 年 GDP 增速与城镇化率增速比较

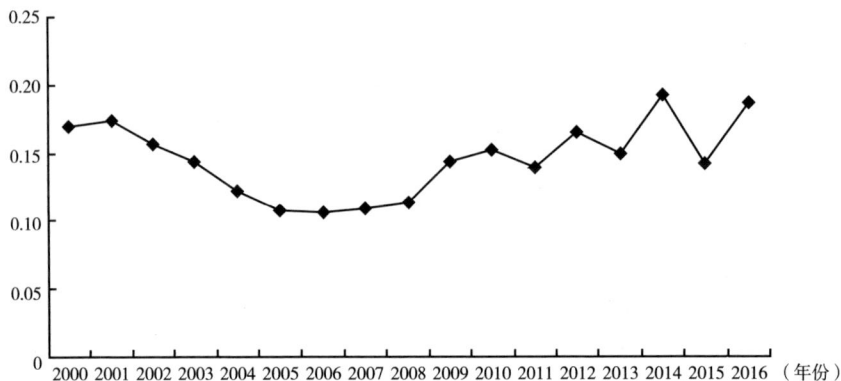

城镇化速度/GDP 增长速度

2010 年以来 GDP 增速从两位数开始持续下滑，到 2016 年仅为 6.7%。而城市化率一直以每年一个多百分点的速度提高，近几年尽管经济增长速度放缓，但城镇化率增速仍维持在 1.2 个百分点左右。未来经济增长会维持在什么水平，目前还没有权威且一致的意见，但可以肯定，不会再继续保持两位数的增长。根据近几年的发展趋势，城镇化率的变化与经济增速比值会在 0.15 上下波动，如果到 2030 年宏观经济增长能保持在 6%～8%，那么对应的城镇化率应该每年提高 0.66～1.52 个百分点，而城镇化率应该达到 66.59%～78.63%。

未来城镇化率的判断

城镇化率增速/ GDP 增速	GDP 增速	城镇化率增速	预计 2030 年 城镇化率
0.11~0.19	8	0.88~1.52	69.67~78.63
0.11~0.19	7	0.77~1.33	68.13~75.97
0.11~0.19	6	0.66~1.14	66.59~73.31

资料来源：《中国城市和小城镇改革发展中心研究报告》。

《国家新型城镇化规划（2014~2020 年）》中提出，到 2020 年我国常住人口城镇化率要达到 60%，户籍城镇化率要达到 45%。基于对我国未来经济增长、农民工数量等因素的考虑，到 2030 年，我国城镇化率要达到 70% 左右。这意味着，未来到 2030 年我国城镇化率要保持每年增长 1 个百分点左右，全国每年要新增城市人口约 1500 万。按照城市用地每人 100 平方米计算，则全国每年需要新增城市用地约 225 万亩，而实际上，从近年来各地城镇建设的情况来看，城市发展人均用地远远超过 100 平方米的标准和要求。其中，转化为城市建设用地的土地大部分是耕地。尤其是我国大部分城市都集中于东部和中部地区，我国的优质耕地也主要集中于这些地区，随着这些地区城市的进一步发展，占用周边优质耕地必然难以避免。因此，未来我国城市发展的用地矛盾会进一步突出。

专栏 4　城镇化与经济增长的国际经验

二战以后，一些发达国家也经历了一段城镇化快速增长时期[1]，这段时间也是这些国家经济增长速度较快的时期[2]。法国 1954~1970 年城镇化率年均提高将近一个百分点[3]，GDP 年均增长 5.3%，远高于此后 40 年的增速（2.33%）；日本 1950~1975 年城镇化率年均提高 1.56 个百分点，GDP 年均增长 8.6%，此后 15 年 GDP 增速下降一半；韩国

---

① 1960 年以后的城镇化率数据来自 World Development Index，World Bank。

② GDP 数据来自 Historical National Accounts，按照 1990 million Geary - Khamis Dollar 计算。

③ 法国 1954 年城镇化率来自 1966 年法国人口普查摘要。

1960～1991 年城镇化率年均提高 1.5 个百分点，GDP 年均增长 8.63%，而 1992～2008 年均 GDP 增速下滑至 5.08%。

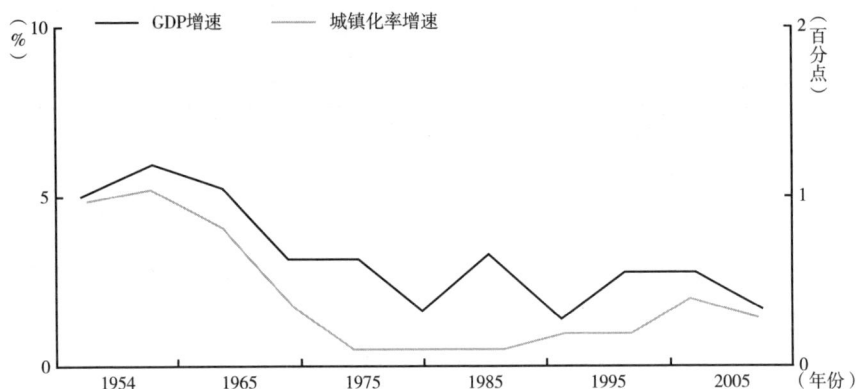

法国 GDP 增速与城镇化率增速对比

在城镇化进入成熟阶段以后，经济增长与城镇化率之间的关系并不明显。比如：英国 1950 年的城镇化率为 79%[①]，2005 年为 79.9%，城镇化率提高有限。然而，这段时间的 GDP 仍保持年均 2.51% 的增速。德国 1960 年城镇化率是 71.4%，一直到 2000 年才提高到 73.9%，此间 GDP 年均增长 2.6%。美日韩等国在城镇化成熟阶段也类似。

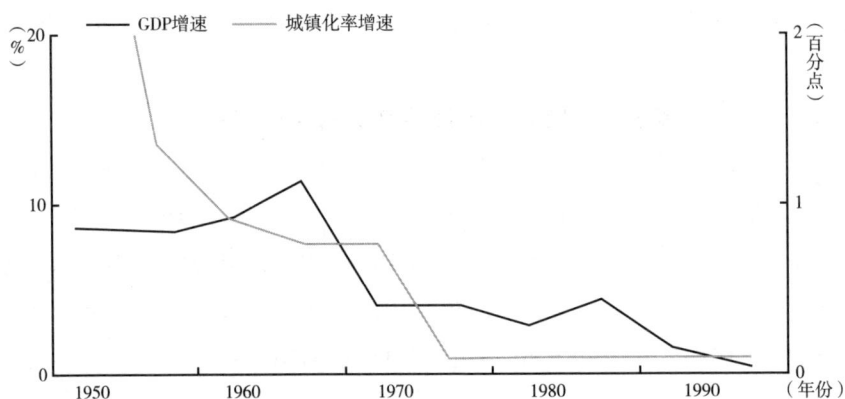

日本 GDP 增速与城镇化率增速对比

---

① 英国 1950 年与德国 1950 年城镇化率来自 world urbanization prospects（2005 version）。

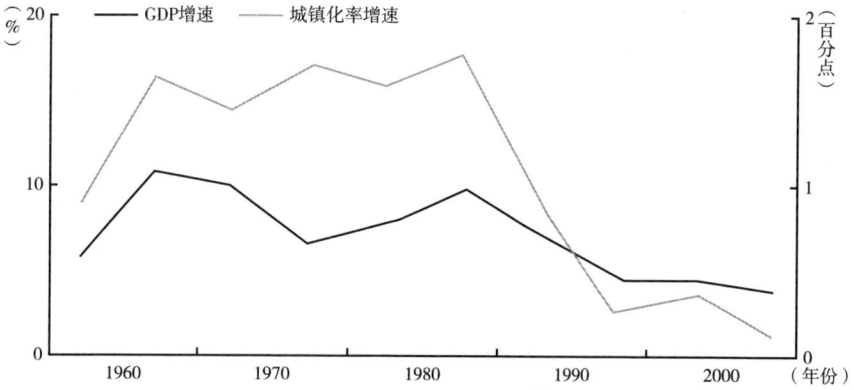

韩国 GDP 增速与城镇化率增速对比

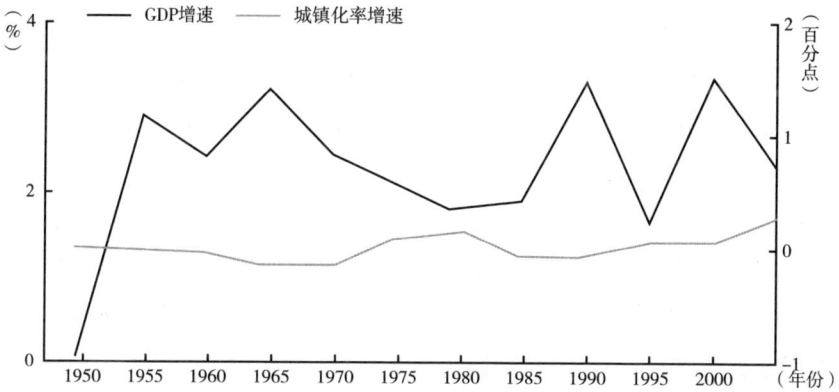

英国 GDP 增速与城镇化率增速对比

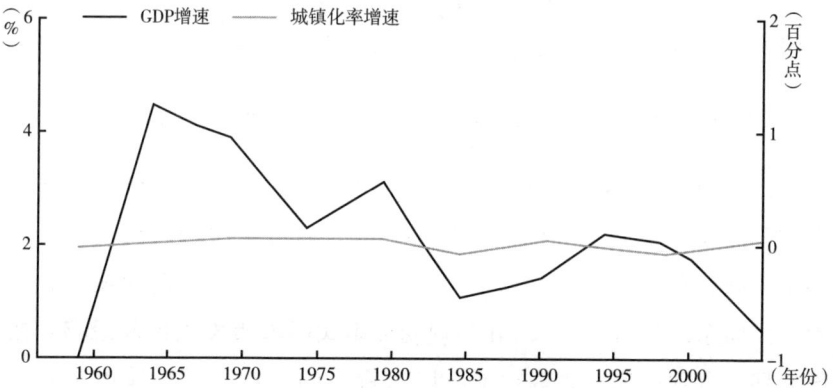

德国 GDP 增速与城镇化率增速对比

而且，需要注意的是，短期内经济出现下滑，并不一定会直接导致城镇化速度的大幅下降。日本与韩国在20世纪60年代末经济增速都下降了一半左右，但仍分别保持年均0.8和1.75个百分点的城镇化增长速度。

资料来源：中国城市和小城镇改革发展中心：《中国城镇化2014年度报告》，中国发展出版社，2015。

《全国国土规划纲要（2016～2030年）》提出，到2030年我国国土开发强度要控制在4.62%以内，城镇空间控制在11.67万平方千米以内。按照此目标，2016～2030年我国新增城镇空间只有2.77平方千米，平均每年只有277万亩左右。这一数字相对于新增城镇人口所需的225万亩（1500平方千米）城市用地来说，几乎差不多。可见，未来到2030年我国的土地资源极度紧张。此外，根据《全国土地利用总体规划纲要（2006～2020年）》，到2020年我国建设用地的总规模为3724万公顷，其中增量为585万公顷（8775万亩）。这些新增的建设用地主要集中在以下几个领域：城镇工矿用地的需求量将在相当长的时期内保持较高水平，到2020年城镇工矿用地规模将达到1065万公顷；城乡统筹和区域一体化的发展，会增加区域性基础设施用地的需求，2020年交通运输用地和水利设施用地与2005年相比将增加468.26万公顷，增幅将近80%；社会主义新农村建设也需要一定规模的土地（季楠，2010）。因此未来几年我国建设用地的供需矛盾将会更加突出，各项建设用地都会面临更大的压力。

（二）我国城市化道路的选择及其对城市土地的影响

我国在20世纪80年代实行的是"控制大城市规模，合理发展中等城市，积极发展小城市"的发展战略，当时通过发展中小城市，有力地调动了全国各种生产要素的流动，使得生产要素从农村流向城市，从西部地区流向东部地区。"十二五"规划提出我国城市发展的新思路：按照统筹规划、合理布局、完善功能、以大带小的原则，遵循城市发展客观规律，以大城市为依托，以中小城市为重点，逐步形成辐射作用大的城市群，促进大中小城市和小城镇协调发展；合理确定城市开发边界，提高建成区人口密度，防止特大城市面积过度扩张。《国家新型城镇化规划（2014～2020年）》提出要"优化城镇规模结构，增强中心城市辐射带动功能，加快发展中小城市，有重点地发展小城镇"。中央城镇化工作会议提出"根据资源环境承载能力构建科学合理的城镇化宏观布局，把城市群作为主体形态，促进大中小城市和小城镇合理分工、功能互补、协同发展"。从"积极发展小城市"到"大中小城市和小城镇协调发展"，这种城市化道路的转变，反映了我国城市发展的不同阶段的要求。

专栏5　我国城镇体系政策变化

改革开放以来中国城镇化发展方针内容变化情况（1978～2014年）

年份	内容	出处
1978	控制大城市规模，多搞小城镇	全国城市规划工作会议
1980	控制大城市规模，合理发展中等城市，积极发展小城镇	全国城市规划工作会议纪要
1984	第一次明确肯定并支持小城镇的发展，允许农民自带口粮进城落户和务工经商	《关于1984年农村工作的通知》和《关于农民进入集镇落户的通知》
1989	国家实行严格控制大城市发展规模、合理发展中等城市和小城市的方针	《中华人民共和国城市规划法》
1998	发展小城镇是带动农村经济和社会发展的一个大战略	中国共产党十五届三中全会
2000	在着重发展小城镇的同时，积极发展中小城市，完善区域性中心城市功能，发挥大城市的辐射带动作用	中共中央《关于制定国民经济和社会发展第十个五年计划的建议》
2001	把实施城镇化战略第一次列入了国民经济中长期发展计划，并提出了"有重点地发展小城镇，积极发展中小城市，完善区域性中心城市功能，发挥大城市的辐射带动作用，引导城镇密集区有序发展"的城镇化发展方针与道路	"十五"计划纲要
2002	要逐步提高城镇化水平，坚持大中小城市和小城镇协调发展，走中国特色的城镇化道路	中国共产党第十六次全国代表大会报告
2007	走中国特色城镇化道路，促进大中小城市和小城镇协调发展	中国共产党第十七次全国代表大会报告
2011	"十一五"期间，将积极稳妥推进城镇化，城市化率从47.5%提高到51.5%，完善城市化布局和形态，不断提升城镇化的质量和水平	十一届全国人民代表大会第四次会议

续表

年份	内容	出处
2011	未来一段时间要打造"两横三纵"的城市化战略格局,包括 21 个重大的区域规划	国家"十二五"规划纲要(草案)
2012	扩大内需的最大潜力在于城镇化,要抓紧研究制定中长期城镇化发展规划和政策措施	全国发展和改革工作座谈会
2013	要完善城镇化健康发展体制机制。其焦点可能会放在如何定义城镇化上,使城镇化真正成为转变中国经济增长方式、扩大居民内需的动力和活力	中国共产党十八届三中全会
2014	按照走中国特色新型城镇化道路、全面提高城镇化质量的新要求,明确未来城镇化的发展路径、主要目标和战略任务,统筹相关领域制度和政策创新	国家新型城镇化规划(2014～2020 年)

城市化道路的转变——以大城市为依托发展城市群,也就是优先发展我国东部地区的城市圈和中西部地区的中心城市。这样的发展模式是符合城市发展规律的,是符合聚集效应和规模效应的。东部地区的城市带和中西部地区的中心城市已经形成了较为庞大的人口和完整的工业体系。而城市化的优势就在于人口、资本、技术等生产要素的集中所产生的聚集效应。因此,当前阶段下,重点发展我国已经比较成熟的大城市,可以通过其本身完整的经济结构、成熟的市场体系、强大的技术力量,使各种生产要素继续向大城市聚集,从而产生更大的聚集效应。城市化过程是产业结构优化、要素配置优化和集聚效应发展的过程(陈玉和,孙作人,2010)。

而大城市中各种生产要素的进一步聚集,将会带来对土地需求的增加,从而带来城市规模的扩张。所以东部发达地区的城市和中西部中心城市对于建设用地指标的需求将会更大。因此,随着我国城市化道路的转变,我国大城市的发展速度会进一步加快,这意味着大城市建设用地的需求规模将会更加巨大。这就要求未来 10 年甚至更长时间内,我国不仅要努力保障全国城市化发展对于土地的需求,还要努力保证大城市加速发展对于土地进一步的需求。

此外，在广大农村农村和小城镇地区，土地利用方式相对粗放，土地利用效率低下，还存在大量的低效和闲置用地。资料显示，2015年，全国农村居民点人均用地为300平方米，但是很多省份的数量要远远超过这一数字，例如，黑龙江和吉林省农村居民点人均用地分别为405平方米和452平方米。未来，随着我国城市化发展质量的提升，提升农村地区和小城镇的用地效率，也是一个重要的内容和要求。

三　中国城市化进程中土地问题的特色

随着我国城市化的不断发展，社会、经济生活中出现的很多问题是与城市化的发展密切相关的，而且其中一些问题关系到未来我国城市化的进一步发展。因此，在当前阶段下，需要认真地分析我国城市化进程中出现的一些新情况、新问题，并且结合我国的基本国情，实现经济、社会和谐发展，加快我国城市化的进程，提高我国城市化发展的质量。

我国当前的城市化发展面临以下两个矛盾。

第一个矛盾是：不断增加的用地需求与日益严格的耕地保护之间的矛盾。

我国以世界7%的耕地养育了占世界22%的人口，这是我国面临的非常严峻的现实。我国一直以来都把粮食安全作为一项基本国策，因此制定了"十分珍惜、合理利用土地和切实保护耕地"的基本政策。为了保障我国的粮食安全，国家要求必须保证耕地的面积，国家"十一五"规划中提出2010年我国要守住"18亿亩耕地的红线"。《全国土地利用总体规划纲要（2006~2020年）》进一步将这一目标明确为"全国耕地保有量到2010年和2020年分别保持在12120万公顷（18.18亿亩）和12033.33万公顷（18.05亿亩），确保10400万公顷（15.6亿亩）的基本农田数量不减少"。根据《全国国土规划纲要（2016~2030年）》的要求，到2020年我国耕地保有量的目标为18.65亿亩，到2030年我国耕地保有量的目标为18.25亿亩。

但是，随着我国城市化进程的不断加快，以及城市人口的增加、经济的增长，我国用地需求不断增加，这就导致耕地占有面积持续增加，客观上造成了耕地总量的持续减少。根据第二次全国土地调查的数据，2009 年全国耕地总量为 13538.46 万公顷，到 2015 年底减少为 13499.87 万公顷，6 年时间减少了 38.59 万公顷，平均每年减少 6.43 万公顷（见图 4 - 3）。如果不考虑每年新增耕地数量，2009 ~ 2015 年共占用耕地 251 万亩，平均每年占用约 41.9 万亩。可见，耕地的保护任务还是非常艰巨的。

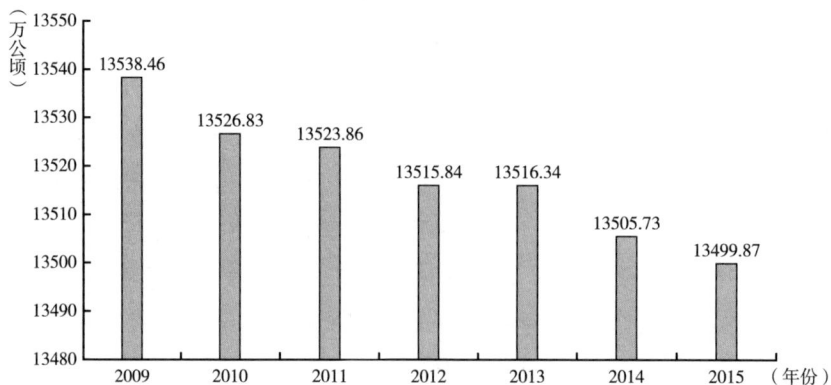

图 4 - 3　全国耕地面积变化情况

　　为了保护耕地数量，我国实行了严格的耕地保护制度，实行基本农田区划分、耕地占补平衡和耕地指标分配等政策，对于建设用地实行建设用地指标分配政策。这些制度构成了"世界上最严厉的耕地保护政策"。同时，近些年随着我国城市土地的快速扩张、土地价格的快速上涨，我国对于土地的供给限制越来越严格，供给的数量和额度都在受到控制。这都给我国城市化发展形成障碍和制约。

　　城市化的发展，必然要求大量人群离开农村进入城市。《国家新型城镇化规划（2014 ~ 2020 年）》提出，到 2020 年，全国常住人口城镇化率达到 60% 左右，户籍人口城镇化率达到 45% 左右。同时，基于对未来的预测，到 2030 年我国城镇化率将达到 70% 左右。按照这样的趋势，到 2020 年和 2030 年，我国城镇人口将分别增长 6000 万和 2 亿，平均每年要新增城镇人口 1500 万左右。这意味着未来需要新增大量的城市建设用地，这就与耕地保护政策产生冲突。在我国非常严格的耕地保护政策下，城市化发展可以利用的作为新增建设用地的土地资源十分有限，操作空间也受到很大的限制。因此，如何在保护耕地与促进城市化发展之间取得平衡，是一个非常重要而且复杂的问题。

专栏 6　《国家新型城镇化规划（2014～2020 年）》提出的发展目标

——城镇化水平和质量稳步提升。城镇化健康有序发展，常住人口城镇化率达到 60% 左右，户籍人口城镇化率达到 45% 左右，户籍人口城镇化率与常住人口城镇化率差距缩小 2 个百分点左右，努力实现 1 亿左右农业转移人口和其他常住人口在城镇落户。

——城镇化格局更加优化。"两横三纵"为主体的城镇化战略格局基本形成，城市群集聚经济、人口能力明显增强，东部地区城市群一体化水平和国际竞争力明显提高，中西部地区城市群成为推动区域协调发展的新的重要增长极。城市规模结构更加完善，中心城市辐射带动作用更加突出，中小城市数量增加，小城镇服务功能增强。

——城市发展模式科学合理。密度较高、功能混用和公交导向的集约紧凑型开发模式成为主导，人均城市建设用地严格控制在 100 平方米以内，建成区人口密度逐步提高。绿色生产、绿色消费成为城市经济生活的主流，节能节水产品、再生利用产品和绿色建筑比例大幅提高。城市地下管网覆盖率明显提高。

——城市生活和谐宜人。稳步推进义务教育、就业服务、基本养老、基本医疗卫生、保障性住房等城镇基本公共服务覆盖全部常住人口，基础设施和公共服务设施更加完善，消费环境更加便利，生态环境明显改善，空气质量逐步好转，饮用水安全得到保障。自然景观和文化特色得到有效保护，城市发展个性化、城市管理人性化、智能化。

——城镇化体制机制不断完善。户籍管理、土地管理、社会保障、财税金融、行政管理、生态环境等制度改革取得重大进展，阻碍城镇化健康发展的体制机制障碍基本消除。

第二个矛盾是：城市发展质量提升与城乡土地利用不均衡之间的矛盾。

从世界城市发展规律来看，随着城市发展水平的提升，城市化发展的质量也不断提升，城市土地利用效率越来越高。《国家新型城镇化规划（2014～2020年）》中也提出"城镇化水平和质量稳步提升……人均城市建设用地严格控制在100平方米以内，建成区人口密度逐步提高"等目标。但是，从实际情况来看，目前，我国城镇建设用地利用效率低下，存在大量闲置和低效用地。具体表现为以下几个方面。

一是城乡两头挤占耕地问题日益严重。随着城市化进程的发展，大量农业转移人口进入城市和小城镇，势必带来各级城镇的建设用地需求增加，城镇建成区范围扩大。与此同时，在现有土地制度下，进城农民的土地（特别是宅基地和集体建设用地）并没有随着农村人口的减少而减少，这就导致城市和农村两头占地的问题越来越严重。根据国土资源部数据，2000～2010年，全国城镇工矿用地从0.89亿亩增长到1.4亿亩，累计增加5100万亩；农村居民点用地由2.47亿亩扩大到2.81亿亩，累计增加了3400万亩。两头占地的现象只有通过城乡要素的空间转换才能解决。如果农村土地政策不改，农民还要继续占地，用地效益也不高，城镇还要解决城镇化人口的居住和就业用地问题，无论是土地利用效益还是土地资源配置，都不可能达到理想的效果。

二是城镇土地利用粗放。在我国城市化发展过程中，土地的粗放利用现象一直长期存在。数据显示，2000～2010年全国人均城镇工矿用地从130平方米增至142平方米，城镇工矿人口密度从每平方千米7700人降至7000人。根据国家统计局和住建部的最新数据，1990～2016年，全国城市建成区的人口密度从2.53万人/平方千米下降到0.88万人/平方千米，2016年只有1990年的1/3左右；1990年全国城市建成区的人口密度是县镇建成区的3.5倍，而到了2016年则下降到1.5倍左右，城市和县镇建成区的人口密度缩短了很多，这意味着全国范围内城市的土地利用效率在降低（见图4-4）。城市土地利用粗放，关键原因在于地"拿"得便宜，"拿"得太多，"拿"得太快。城市可以迅速形成第二财政积累，也可以迅速地花出去。花出去，一方面加剧了短期行为，支撑了任期内的政绩工程。另一方面，转为城市居民的公共福利，拉大了城乡差距，抬高了城市门槛，农民进城反而越来越难。

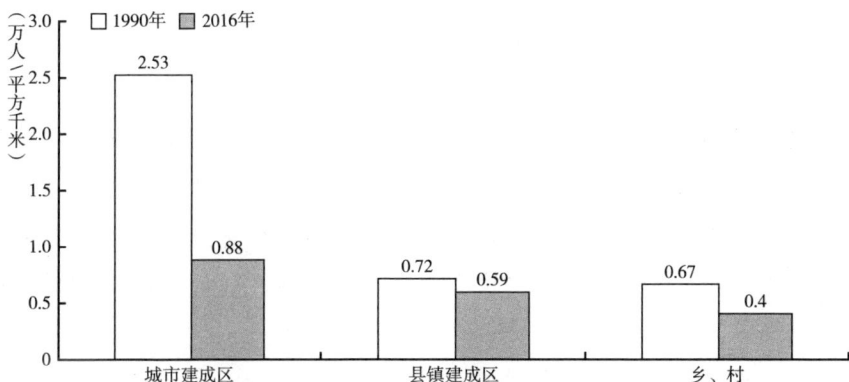

图 4 – 4　1990 ~ 2016 年中国城乡人口密度对比

专栏 7　中国土地征收制度的历史作用对比

中国土地征收制度在过去的发展历程中曾经发挥过重要的作用。

第一，促进了经济的长期高速增长和非农就业的大量增加。一是20 世纪 80 年代农民利用集体土地兴办乡镇企业，吸收了大量农民从事非农产业。二是城镇政府通过现行土地政策低价征用集体土地，以零成本或者是负成本供地吸引投资，支撑了每年 1000 多万、总计 2.6 亿农民进城就业，大幅提高了农民收入。

第二，有效解决了城镇基础设施建设资金来源。2000 ~ 2011 年，全国土地出让总价款 12.6 万亿元，土地出让收益和相关税收达到 6.9万亿元。地方政府依靠土地出让收益，显著加强了城镇各类基础设施建设，提升了公共服务水平。2000 ~ 2011 年，我国城市人均道路面积由6.1 平方米增长到 13.8 平方米，城市污水处理率由 34.3% 提高到83.6%，燃气普及率由 44.6% 上升为 92.4%，用水普及率由 63.9% 增长为 97%。

但我们也应当看到，继续按照现行土地管理制度压低土地成本维持高经济增长、支持城镇基础设施建设、吸纳非农就业的红利已经不可持续。

（1）征地拆迁成本不断上升。2008～2011年，全国土地平均取得成本由18.5万元/亩上涨到36.5万元/亩，其占土地出让收益的比重由45%上升为57.2%，土地出让净收益趋于缩小。

（2）工业用地低价出让需要通过不断提高商住用地价格获得补偿。一些经济发达地区城镇建设资金的1/2至2/3来自商业用地出让收入，而一些经济条件稍差的内陆城市，这一比例甚至更高。地方政府不断创造新概念、大搞新城新区建设拉高商业用地价格，以此来获得高额的土地出让收入，其结果是农民的进城门槛不断被抬高。

（3）城市债务的偿还日益依赖于土地出让和抵押。2012年底，全国4个省本级、17个省会城市本级应偿还债务中有7746.97亿元以土地出让收入为偿债来源，占这些地区债务余额的54.64%。2007～2012年底，全国84个重点城市处于抵押状态的土地面积由195万亩增加为523万亩，累计增长168%；抵押贷款总额由1.34万亿元上升为5.95万亿元，累计增长344%。

由此而导致的城市债务大幅度增加，一些城市进而继续依赖土地出让收益弥补城市债务缺口，结果是城市面积越摊越大，土地粗放利用现象越来越严重。

第二节　中国城市土地利用分析

随着城市化进程的不断发展，我国的城市规模持续扩大，城市建成区面积是城市规模的客观反映。城市建成区面积是指城市行政区内实际已成片开发建设、市政公用设施和公共设施基本具备的区域。对核心城市而言，它包括集中连片的部分以及分散的若干个已经成片建设起来、市政公用设施和公共设施基本具备的区域。因此城市建成区范围，一般是指建成区外轮廓线所能包括的地区，也就是这个城市实际建设用地达到的范围。

一　全国城市建设用地现状

（一）全国城市建成区面积快速增长

随着我国经济和城市化的快速发展，我国城市区域范围不断扩大，表现在数据方面就是城市建成区面积的不断扩大。改革开放以来，随着各种制度的变革，城市经济得到了很大的发展，人力流动、资本开放、产业结构改变、科技创新等要素开始在我国城市中加速聚集，同时城市面积不断扩大。尤其是进入 21 世纪以来，我国城市化进入加速时期，城市建成区面积扩展的速度非常快。

从图 4-5 中可以看出，从全国层面来看，2000~2016 年全国城市建成区面积从 2.24 万平方公里增加到 5.43 万平方公里，16 年间增加了 3.19 万平方公里，增长了 142%，年均增长速度将近 5.7%。其中，2000~2010 年，全国城市建成区面积增加了 1.76 万平方公里，年均增长 5.97%；2011~2016 年全国城市建成区面积增加了 1.43 万平方公里，年均增长 3.09%。尽管 2010 年以后全国城市建成区面积增速有所放缓，但是新增面积仍然较大，6 年时间增加的城市建成区面积占到了 2000~2010 年十年间的 75%。可见，从全国范围来看，城市建成区面积进一步快速扩张的势头还没有得到有效缓解。

分省份来看（见表 4-4），各省的城市建成区面积也呈现上升趋势。其中，江苏、福建、山东、广东、重庆、云南、宁夏等城市建成区面积年均增速较快，超过了 7.0%，重庆市更是达到了 9.19% 的增速，城市建成区面积 17 年间增长了 3.46 倍；山西、辽宁、吉林、黑龙江、上海、湖北、海南等城市建成区面积年均增速较慢，均不足 4.0%，其中海南的年均增速仅为 1.36%。

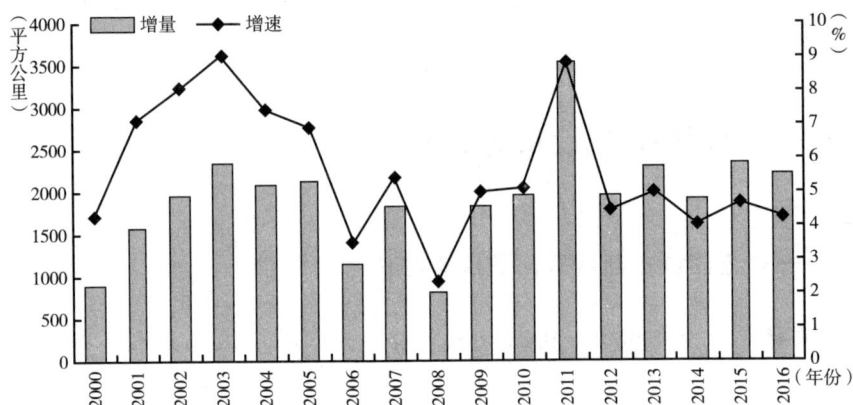

图 4－5　2000～2016 年全国城市建成区面积变化情况

表 4－4　1999～2016 年全国各省份城市建成区面积及增速

单位：平方公里，%

地区	1999 年	2000 年	2005 年	2010 年	2015 年	2016 年	年均增速
北　京	488	490	1200		1401.01	1419.7	6.48
天　津	378	386	530	686.71	885.43	1007.9	5.94
河　北	942	963	1316	1619.67	1944.42	2056.3	4.70
山　西	600	617	709	864.73	1123.46	1157.6	3.94
内蒙古	588	593	824	1038.32	1225.21	1241.6	4.49
辽　宁	1536	1559	1780	2220.53	2461.95	2798.2	3.59
吉　林	767	787	943	1237.38	1399.07	1425.8	3.71
黑龙江	1248	1310	1496	1637.98	1772.24	1810.2	2.21
上　海	550	550	820	998.75	998.75	998.8	3.57
江　苏	1297	1382	2379	3271.09	4189.17	4299.3	7.30
浙　江	868	964	1680	2128.96	2590.74	2673.3	6.84
安　徽	836	886	1260	1491.32	1926.36	2001.7	5.27
福　建	420	449	673	1059	1413.54	1469.2	7.64
江　西	514	543	664	933.78	1295.65	1371	5.94
山　东	1476	1541	2676	3566.15	4609.32	4795.5	7.18
河　南	1017	1074	1572	2014.4	2503.08	2544.3	5.54
湖　北	1271	1355	1417	1701.03	2197	2248.9	3.41
湖　南	743	799	1033	1321.05	1572.52	1625.6	4.71
广　东	1629	1764	3619	4618.07	5633.19	5808.1	7.76

续表

地区	1999年	2000年	2005年	2010年	2015年	2016年	年均增速
广　西	567	586	772	940.47	1275.16	1333.8	5.16
海　南	255	256	194	221.32	337.81	321	1.36
重　庆	303	324	583	870.23	1329.45	1350.7	9.19
四　川	956	992	1443	1629.73	2281.64	2615.6	6.10
贵　州	285	292	372	463.96	789.06	844.6	6.60
云　南	319	338	472	751.34	1060.14	1131.3	7.73
西　藏	73	69	75	84.88	144.52	145.2	4.13
陕　西	470	476	562	758.48	1073.36	1127.4	5.28
甘　肃	413	403	507	632.8	834.39	870	4.48
青　海	95	92	106	113.88	194.26	197.4	4.40
宁　夏	122	127	249	343.79	455.05	441.8	7.86
新　疆	498	473	596	838.21	1185.36	1199.4	5.31
全　国	21525	22439	32521	40058.01	52102.31	54331.5	5.60

资料来源：历年《中国统计年鉴》。

　　分地区来看，2007年之前，东部地区建成区面积增长速度在各区域中一直处于领失地位，2002年增速一度达到12.33%，2008年以后的城市扩张日趋稳定；中部地区增速较平稳，2006年中部山西、江西、河南、湖南四省的建成区面积增速分别为3.53%、14.16%、6.81%、0.39%，但是安徽与湖北两省建成区面积出现负增长，分别为－9.84%与－8.40%，致使整个中部地区在2006年的总体增速为－0.2%；西部地区自2009年之后，成为全国建成区面积增速最快的地区，其中重庆、云南、贵州等地区的拉动效果明显；东北地区则自2000年以来，建成区面积扩大速度始终较为缓慢（见图4-6）。

　　总体来看，改革开放以来，我国城市建设用地在全国范围内呈现扩张的趋势。20世纪80年代开始，我国农民建房和乡镇企业快速增加，带来了建设用地的扩张；20世纪90年代，随着开发区的建设和房地产业的发展，又产生了一次建设用地的扩张；进入21世纪以来，我国城市化、基础设施建设、新农村建设、产业转移、企业扩张等各类建设用地全面扩张。从空间上来看，从西部大开发、振兴东北老工

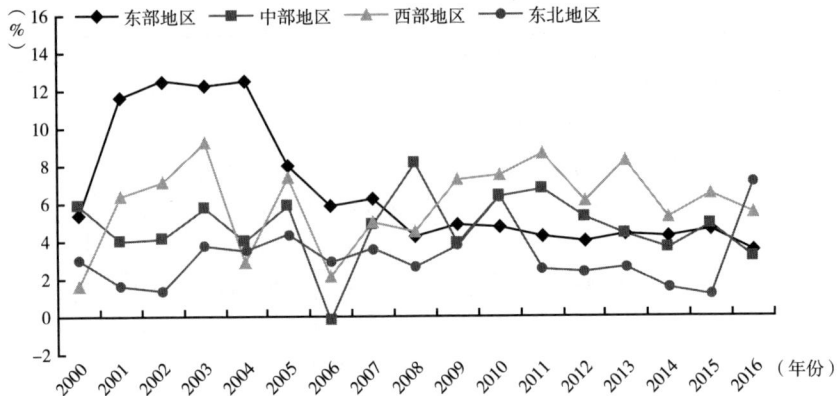

图 4 - 6　2000 ~ 2016 年我国各地区建成区面积增速

资料来源：《中国统计年鉴》（2000 ~ 2016），其中北京与上海部分年份的城市建成区面积缺失，本文采取线性插值法进行补充。

业基地，到中部崛起，再到以大城市为依托发展城市群和城市带，我国城市发展的区域从东部沿海地区逐渐向内地展开，同时随着"十三五"规划开始实施，我国东部沿海地区的城市发展会迎来第二次高潮。

（二）全国建设用地供应不断增加

全国批准建设用地分为国务院批准建设用地与省级政府批准建设用地两个部分，从实际情况来看，每年的批准建设用地与实际的建设用地供给量并不相等。

就全国批准建设用地整体而言，2006 ~ 2015 年可以分为三个阶段：第一阶段为 2006 ~ 2008 年，第二阶段为 2009 ~ 2013 年，第三个阶段为 2014 ~ 2015 年。其中，第一阶段与第三阶段的批准建设用地稳定在 40 万公顷左右；第二阶段批准建设用地明显较高，平均每年 56.6 万公顷，2012 年达到了峰值 61.5 万公顷。就审批主体而言，省级政府批准建设用地十年来变化相对平稳，国务院批准建设用地变化则直接影响全国批准建设用地的变化，除 2009 年与 2013 年外，省级政府批准建设用地均高于国务院批准建设用地（见图 4 - 7）。

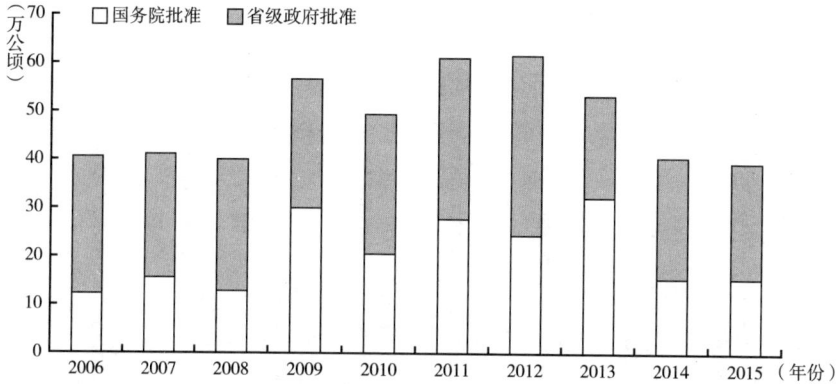

图 4 - 7　2006~2015 年全国批准建设用地

资料来源：《中国国土资源公报》（2002~2016）。

2002~2009 年，全国建设用地供应相对稳定，年均供应 37.57 万公顷，2009 年之后，建设用地供应加快，2010~2016 年年均供应 58.55 万公顷，其中 2009~2013 年年均供应量增加 9.22 万公顷，2013 年达到了峰值 73.05 万公顷。

就建设用地的用途而言，各类型建设用地的供应面积在 2013 年之前均存在一个上升的趋势，而 2013 年之后又开始下降。基础设施和其他用地的年供应从 2009 年的 11.11 万公顷增加到了 2016 年的 28.97 万公顷，7 年间增加了 1.61 倍，且在各类型建设用地中的比重从 30.72%增加到了 55.93%，提高了 25.21 个百分点，这是我国近年来城市基础设施建设加速的一个数字缩影；工矿仓储用地和住宅用地 7 年来的比重分别下降了 15.80 和 8.46 个百分点，供应面积分别从 2009 年的 14.15 万公顷和 8.15 万公顷下降到 2016 年的 12.08 万公顷和 7.29 万公顷。商服用地的供应面积比重始终相对平稳，供应面积从 2009 年的 2.76 万公顷增加到了 2013 年的峰值 6.51 万公顷，随后又下降到了 2016 年的 3.46 万公顷（见图 4 - 8）。

（三）2000 年以后征地速度增长加快

2000 年以前，我国征用土地面积相对较少，1999 年与 2000 年的征

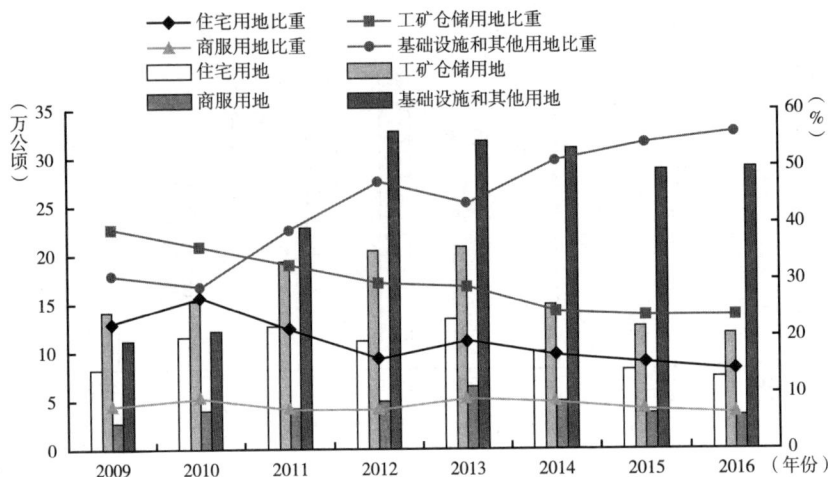

图 4 - 8　2009 ~ 2016 年分类型建设用地面积及比重

资料来源:《中国国土资源公报》(2009 ~ 2016)。

地面积分别只有 340. 47 平方公里与 447. 25 平方公里。进入 21 世纪以后,我国征地速度明显加快,2001 ~ 2016 年的 16 年里,年均征地 1678. 12 平方公里,其中 2002 年与 2012 年出现了两次征地高峰,分别征地 2879. 86 平方公里与 2161. 48 平方公里(见图 4 - 9)。

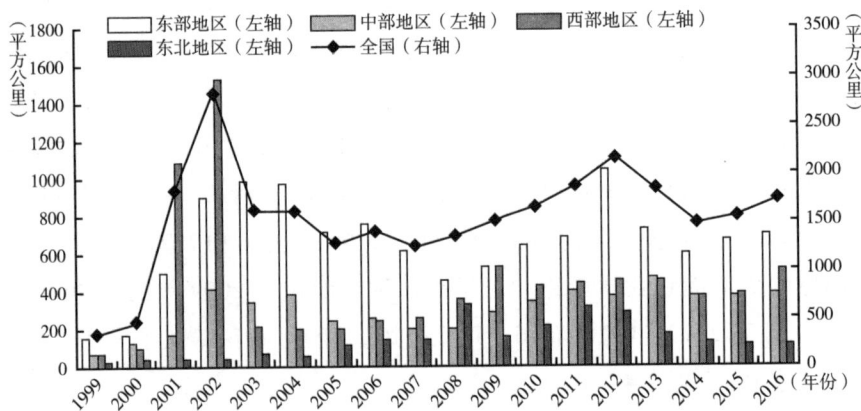

图 4 - 9　1999 ~ 2016 年全国征用土地面积变化

资料来源:《中国统计年鉴》(1999 ~ 2016)。

分地区来看，在大多数年份，东部地区的征地面积一直位居全国榜首，2001～2016年的16年间，年均征地718.26平方公里，除去2002～2004年与2012年曾出现过征地高潮，其他年份征地面积变化平稳。中部地区与西部地区征地量交相领先，2002年为这两地进入21世纪后的第一个征地高峰，征地量分别为419.36平方公里和1524.18平方公里，2007年之后，中部地区征地量呈上升趋势，2013年达到475平方公里，之后征地量有所下降；西部地区2008年之后征地量相对平稳，2009～2016年年均征地449.76平方公里。东北地区在全国各个区域中的征地面积一直处于末位，2001～2016年年均征地153.25平方公里，其中2008～2012年曾出现过一段征地高潮，年均征地259.82平方公里。

二　我国城市化发展进程中建设用地分析

城市建设用地扩展是指城市建设用地规模向城市周边及其近郊的农业用地扩张的过程。城市建设用地扩展一般表现为两个方面：一是城市发展水平的提高带来城市建成区面积的扩张，主要表现为新的工业园区、开发区和居住区的建设，这也就是城市外延式的扩展；二是城市产业结构和布局的调整以及城市规划带来城市内部用地结构的调整，主要表现为城市单位面积可承载的功能更多，使用效率更高，这就是城市内涵式的扩展。合理的城市用地扩展应该表现为适度的扩展速度和充分的土地利用。

关于城市建设用地扩展的分析，学术界主要是从时间和空间的角度分析城市建成区的扩展速度。城市用地扩展主要来自两个方面的动力：一是城市因为经济、社会发展而产生的用地扩张，如工业发展和人口增加等，这是城市扩张的内在动力；二是城市通过行政手段，实施法律、法规和政策等而产生的建设用地扩张，如政府征地、开发商圈地等，这是城市扩张的外在驱动力。对于城市建设用地扩展的分析，能够准确地界定城市建成区扩展的速度和效益，从而能够帮助城市准确定位发展的阶段，以及存在的优势和不足。

（一）城市土地产出效益分析

城市用地与劳动、资金、技术等生产要素一样，存在要素投入的效益问题，城市用地产出效益是衡量城市用地利用是否合理的重要指标。城市用地产出率一般是指城市单位建成区土地创造的 GDP，亦被称为地均 GDP。城市用地产出率低，表明城市用地扩展过程存在重视城市用地的外延式扩展，忽视内涵式扩展，导致城市用地效率低的问题（朱英明等，2000）。

地均 GDP 是指每平方公里土地创造的 GDP，能够反映土地的使用效率，也可以反映一个地区工业和商业的密集程度，是反映生产要素聚集而产生的产出聚集的一个重要指标，也是一个重要的生产效率指标（倪鹏飞，2010）。城市地均 GDP 反映的是城市单位空间上的经济收益，能够反映城市土地使用的效率。因为一个城市的土地供给是有限的，城市地均 GDP 越高，说明单位面积土地的经济产出越多，土地的生产效率也就越高。

本书使用城市地均 GDP 比较分析各城市土地产出效益。

1. 国际城市比较

表 4-5 是 2015 年国际城市 GDP、人均 GDP 和地均 GDP 的比较，本书选取中国经济发展水平较高的几个城市与世界其他城市进行比较，世界城市主要是发达国家的城市。可以看出，我国城市的经济总量在全球城市中居于相对靠前的位置，这说明我国城市的经济规模已经达到较高的水平，但是与欧美中心城市仍有一定差距；我国城市的人均 GDP 排名相对落后，说明我国经济的生产效率很低；我国城市的地均 GDP 与世界顶级城市相比还是存在一定差距，这意味着我国城市的土地生产效率有很大的提升空间（见表 4-5）。

2. 国内城市比较

接下来再对国内城市进行比较，本书选取全国各个省份主要城市共 40 个（见表 4-6）。可以看出，我国城市地均 GDP 的分布存在明显的区域化差别。一般来说，东部地区城市和中西部地区中心城市的地均 GDP 相对较高，四大直辖市中除了重庆以外，地均 GDP 均超过了 10 万元/平方千米，其中上海的地均 GDP 最高达到了 24.89 万元/平方千米。而中西部地区其他城市由于发展水平较为落后，中心城市地均 GDP 较低，银川、南宁、昆明的地均 GDP 不足 10 万元/平方千米，拉萨的地均 GDP 仅有 2.77 万元/平方千米。东北地区的地均 GDP整体较低，其中大连、长春、吉林等中心城市的地均 GDP 均没有超过 10 万元/平方千米。

表 4 - 5　2015 年国际城市 GDP、人均 GDP 与地均 GDP 比较

城市	城市 GDP（亿美元）	排名	人均 GDP（美元/人）	排名	地均 GDP（万美元/平方千米）	排名
纽　　约	16130	1	79887	2	4677	13
东　　京	14771	2	41123	12	10883	4
洛　杉　矶	9377	3	70223	4	7464	6
大　　阪	9355	4	41123	11	7178	7
伦　　敦	8399	5	65155	6	10020	5
巴　　黎	7468	6	60526	7	4348	14
首　　尔	6579	7	27352	13	5610	10
芝　加　哥	6443	8	67047	5	2288	17
休　斯　敦	5061	9	77293	3	1942	19
旧　金　山	4349	10	94132	1	4764	12
上　　海	4034	11	16703	18	6362	9
北　　京	3695	12	17020	17	2252	18
迈　阿　密	3197	13	53002	9	5210	11
圣　保　罗	3186	14	15122	19	4010	15
布宜诺斯艾利斯	3185	15	20982	16	6694	8
莫　斯　科	3150	16	25892	14	12545	3
香　　港	3094	17	42722	10	28024	2
新　加　坡	2968	18	53205	8	41458	1
广　　州	2906	19	21527	15	3909	16

注：数据来源于世界银行、经济学人。

表 4 - 6　2016 年不同城市地均 GDP 比较

城　市	GDP（千亿元）	人均 GDP（万元/人）	地均 GDP（万元/平方千米）	城　市	GDP（千亿元）	人均 GDP（万元/人）	地均 GDP（万元/平方千米）
北　京	23.01	10.65	16.43	济　南	4.56	10.00	11.60
天　津	16.54	10.80	19.01	青　岛	5.98	12.23	10.56
石家庄	2.91	6.18	10.47	郑　州	4.08	7.44	9.32
太　原	2.55	7.26	7.51	武　汉	8.81	11.68	19.35
呼和浩特	2.30	10.74	8.86	长　沙	5.39	13.70	14.80
包　头	3.34	14.81	17.05	广　州	18.10	13.62	14.63
沈　阳	5.89	9.10	12.67	深　圳	17.50	15.80	19.45
大　连	3.53	13.63	8.92	南　宁	2.54	6.99	8.84
长　春	4.31	10.06	8.53	柳　州	1.69	10.62	9.18
吉　林	1.41	7.77	5.46	海　口	1.16	5.25	8.07
哈尔滨	4.21	7.63	9.84	重　庆	13.21	6.23	9.94
上　海	24.84	10.57	24.89	成　都	8.46	9.20	13.73
南　京	9.72	11.82	12.88	贵　阳	2.23	6.83	9.48
苏　州	7.49	13.66	16.36	昆　明	3.07	7.76	7.51
杭　州	8.72	12.17	17.24	拉　萨	0.20	10.61	2.77
宁　波	4.88	13.58	15.15	西　安	5.14	6.89	10.25
合　肥	3.77	10.11	9.06	兰　州	1.74	6.57	7.71
福　州	2.83	9.20	10.88	西　宁	0.86	6.83	9.55
厦　门	3.47	9.04	10.93	银　川	0.89	6.47	5.35
南　昌	3.03	8.64	9.86	乌鲁木齐	2.61	7.52	6.07

注：①GDP 为市辖区地区生产总值；
②人均 GDP 为市辖区人均地区生产总值；
③地均 GDP 为市辖区地区生产总值除以市辖区建成区面积。
资料来源：《中国城市统计年鉴》（2016）。

总体来说，东部地区城市和中部地区中心城市的土地利用效率较高，土地收益较高；而西部地区和东北地区的中心城市土地使用效率相对较低。

（二）城市用地增长弹性系数分析

城市用地增长分析主要是通过城市用地扩展的速度分析城市发展的速度和质量。城市用地增长主要是通过城市建设用地增长弹性系数来表示的。

在世界城市化过程中有一个很普遍的现象，即城市用地的扩展速度要快于城市人口的增长速度，两者的比值被称为城市用地需求量的城市人口弹性（下文简称为城市用地的需求弹性）。在美国，城市用地的需求弹性为1.58，印度为1.62，南美为1.25（Shoshany M，Goldshleger N，2002）。出现这种现象的原因是，财富和收入的增长促进了城市土地需求的增加，具体表现在人们需要更为舒适的住房、更为便利快捷的交通和更为优美的生活环境等。

国内一些学者采用城市用地增长弹性系数对我国城市用地变化进行分析。谈明洪（2003）分析了我国20世纪90年来145个城市的用地扩张情况，并运用位序－规模法则及其分形理论分析了土地利用规模的变化规律，结果显示，我国东部地区弹性系数达到1.42，中部地区最低，为0.67，西部地区为0.96。吴兰波等（2010）对我国1985~2004年全国地级以上城市扩张弹性系数进行了分析，发现我国自1986年以来的城市用地扩展系数呈现较大的波动性：1986年系数明显很小，说明城市用地不足；2004年和2005年系数远远大于1.12，说明城市用地规模扩展过快；其他年份相对平衡。

在地理学上，城市人口与城区面积的变化表现为幂指数规律。因此，有学者根据幂指数规律来判断我国城市外部用地扩展速度的快慢。幂指数公式如下：

$$A = aP^b$$

在上式中，A为城市建成区面积，P为城市人口，a为比例系数，b为标度因子。林燕华、毛良祥（2008）选择我国1981~2006年相关数据进行模拟，显示结果$A = 0.0038P^{1.460}$（$R^2 = 0.978$，$P < 0.000$）。美国学者Lee Y.对我国城市也进行了幂指数的研究，以$b = 0.9$作为异速增长类型的界限，小于0.9为负异速增长，大于0.9为正异速增长，等于0.9为等比例增长。这里b等于1.46，属于正异速增长，说明我国城市建成区面积的扩张速度要大于城市人口的增长速度，城市外部扩张速度过快。

本书主要根据城市用地扩展系数来分析。城市用地扩展系数可以衡量城市用地弹性，其公式为：

$$K = \frac{S_1}{S}$$

其中，K（建成区面积的年均增长速度与人口的年均增长速度的比值）为城市用地扩展合理与否的指标。S_1 为市区建成区面积的年均增长速度。S_2 为非农业人口年均增长速度

关于城市用地扩展系数的研究，中国城市规划设计研究院对我国历年城市化情况进行分析，认为该系数为 1.12 比较合适。谈明洪和吴兰波等都认同此系数。根据经验分析，当 K 值大于 1.12 时，表明城市用地规模扩展过快；当 K 值小于 1.12 时，表明城市用地规模扩展不足；当 K 值等于 1.12 时，表明城市用地规模扩展较为合理。因此，本书也采用 K 值系数标准为 1.12。

根据以上公式和我国 1986～2016 年城市建成区数据和人口数据进行分析，可以得到以下结果（见表 4 - 7）。

表 4 - 7　中国城市用地扩展系数分析

年份	建成区面积扩展速度（%）	人口密度增长速度（%）	K 值	年份	建成区面积扩展速度（%）	人口密度增长速度（%）	K 值
1986	8.26	8.30	1.00	2005	6.95	0.60	11.56
1987	6.50	- 1.40	- 4.64	2006	3.50	157.20	0.02
1990	3.16	1.82	1.74	2007	5.38	- 5.99	- 0.90
1996	6.22	3.39	1.83	2008	2.33	- 1.14	- 2.04
1997	2.85	19.89	0.14	2009	4.99	3.22	1.55
1998	2.82	4.31	0.65	2010	5.12	2.89	1.77
1999	0.67	0.65	1.03	2011	8.85	0.86	10.29
2000	4.25	- 4.55	- 0.93	2012	4.50	3.55	1.27
2001	7.07	33.33	0.21	2013	5.02	2.38	2.11
2002	8.10	28.23	0.29	2014	4.01	2.41	1.66
2003	8.99	12.33	0.73	2015	4.68	- 0.83	- 5.66
2004	7.41	2.13	3.49	2016	4.28	0.38	11.40

资料来源：历年中国统计年鉴。

结果显示，我国 1986～2016 年城市建设用地扩展确实存在较大的波动性，其中，波动最大的是 1986 年、2004 年、2005 年和 2009 年。1986 年建设用地扩展系数仅为 1，说明建设用地不足；20 世纪 90 年代，该系数又表现为前 5 年的建设用地迅速扩张和后 5 年的相对不足；21 世纪的第一个十年，我国城市化总体表现为城市人口的迅速增加，其中只有 2004 年、2005 年和 2009 年表现为建设用地增长过快；2010 年以来，城市用地规模扩展过快的现象逐渐显现，2010～2014 年 K 值均大于系数标准 1.12，可见城市扩张过快已成为当前一个不容忽视的问题。

总之，结合我国改革开放以来建设用地弹性系数的总体趋势来看，2007 年以前，我国城市化过程中人口的增长速度基本上都是超过了建设用地增长速度，建设用地供给不足；2008 年之后，建设用地供应便存在扩展过快的问题。

第三节　小结

通过以上对于我国城市建设用地数量和效益的分析，结合当前我国城市化发展进程的变化，可以发现我国城市化过程中建设用地的使用存在以下几方面问题。

第一，我国城市建设用地指标供给总量不足，导致城市发展受到限制。

我国城市建设用地指标短缺，在当前各级城市中都表现得极为常见，各个城市都表示发展用地不足。

城市建设用地指标的短缺主要是三个方面的原因造成的。一是当前的土地使用制度和城市建设用地指标管理制度严格限制了城市土地的发展，同时我国又禁止建设用地指标跨地区流动，城乡分割的土地所有制限制了城乡之间建设用地的自由流动，所以，制度上的限制造成土地供给的不足。二是城市化进程的加快带来对土地的需求急剧增加，尤其是东部发达地区城市建设用地指标需求更大，这不仅加剧了我国城市建设用地指标供需的矛盾，也加剧了我国城市建设用地在区域之间的矛盾。

三是部分城市发展理念有误，盲目扩张的城市发展思路以及近些年来火热的新城新区建设，导致了大量的盲目上马项目，一些地区积极申报新城新区项目，将城市建成区扩展很大，将城市未来人口规划做得很高，实际上却严重偏离实际。

我国经济的快速发展，导致生产要素，如劳动力、资本、技术等加速流动，从而导致要素聚集加速，在很大程度上促进了城市的发展，同时也导致城市土地需求不断增加。可以说，我国城市建设用地的迅速增长是与经济快速发展有着密切关系的。我国城市化仍处在加速发展时期，未来城市依旧会保持中高速发展，城市对土地的需求会进一步增大。随着城市化的进一步发展，不仅东部沿海地区的城市存在建设用地缺口问题，就连内地的很多大城市，如重庆、西安等也会出现严重的建设用地短缺问题。因此，未来很长一段时期内，我国城市建设用地的需求还会保持较快的增长速度。这就要求我国土地供给要能跟上城市发展的需求。

在此需要强调一点，有学者指出，当前我国城市发展的土地瓶颈问题，要依靠"挖潜"，即提高城市土地利用效率和优化城市土地利用结构的方式。这一点是城市发展对于土地利用的基本要求，但是在目前城市建设用地总体水平不高的情况下，单纯提高内部使用效率，通过"挖潜"方式并不能从根本上满足我国较长时期内的城市发展用地需求。

第二，我国城市建设用地使用效率低下，经济效益不高，造成土地资源的浪费。

我国城市土地使用效率低下的主要原因在于土地的粗放利用。一方面，建设用地供给快速增长，造成土地使用效率的低下。随着我国经济快速发展，尤其是进入 21 世纪以后城市化发展更为迅速，土地需求不断增加的同时，我国城市土地的供给也快速增长。大量土地资源从农村转向城市，建设用地的过度供给导致其利用效率低下，2000～2010 年，我国城镇人口年均增长 3.85%，城市建成区面积年均增长 5.97%，两者相差 2.12 个百分点，而 2010～2016 年，我国城镇人口年均增长

2.85%，城镇建成区面积年均增长 5.21%，两者相差 2.36 个百分点。可见，近年来我国城镇化过程中土地城镇化快于人口城镇化的趋势并没有变化，城市土地利用效率依旧相对较低。

据有关部门调查显示，全国城镇规划范围内共有闲置、批而未供等土地约 26.7 万公顷（约合 400 万亩）。全国工业项目用地的容积率仅为 0.3 ~ 0.6，工业用地的平均产出效率远远低于发达国家的水平。1997 ~ 2005 年，我国全国农村人口减少了 9633 万人，但农村居民定居点占用耕地却增加了将近 11.8 万公顷（约合 170 万亩），这造成我国农村建设用地使用效率进一步降低。此外，现行土地制度中行政划拨和协议出让等方式的存在也造成一定程度的土地资源浪费和使用效率低下。

另一方面，城市土地利用效率的差别导致整体土地利用效率低下。就人均土地占用而言，大城市要比小城市土地利用效率高，城市用地比小城镇和农村要节约，而小城镇用地比农村要节约。在我国就表现为东部地区土地生产效率比西部地区高，中心城市比边缘地区高。因此，对于需要发展的城市，应当在严格控制之下，适当放宽建设用地的限制，给予大城市足够的发展空间。虽然，目前我国在制定城市建设用地指标之时已经考虑到了东部地区的发展速度和生产效率，但是仍旧不能够满足东部地区和中心城市的发展需求。但是，也应该注意到，建设用地指标也不能盲目地倾向于东部地区，要在土地指标侧重东部的同时，有计划、有意识地引导西部地区城市聚集效应的培育和生长。

第三，我国建设用地在城市间、区域间、城乡间分配不均衡。

这种不均衡不是表现为东部地区发展过快，指标较多，西部地区发展较慢，指标较少。而是相反，东部地区城市化速度较快，但是建设用地指标不够，导致土地违法、违规使用增多；西部地区城市化速度较慢，城市建设用地指标相对充裕，导致建设用地粗放利用。同时，这种不均衡还表现为城市发展很快，用地指标需求大，但是缺口也大，乡村地区却存在大量闲置和低效用地。例如，我国城市建设用地面积为 114 平方米，县城为 126 平方米，而当前农村地区居民点的人均用地往往在

300～400平方米，有些地区甚至更高。

　　这种区域之间的不均衡现象是与我国基本国情和经济发展的需求有着密切联系的。一方面，我国东部地区有着优质的土地资源，适合人口居住和城市发展，聚集了大量的人口和城市，西部地区自然环境较为恶劣，可用于发展的土地较为缺乏，因此东部地区城市建设用地较多实属正常。另一方面，生产要素向东部地区流动，主要还是聚集效应在发挥作用。东部地区发达城市城市化发展较早，已经形成一定的规模，产业结构也相对较为完善，人口也较多，可以说聚集效应已经初步形成，并在不断发挥作用。内地的一些大城市，基本上都是当地的经济中心，工业体系和产业结构也都主要集中在这些城市，因此，也具有较强的聚集效应和规模效应。但是我国东部城市的聚集效应与发达国家相比还有不小的差距，还应该进一步加快东部地区城市和中西部地区中心城市的发展，进一步提高这些城市的规模，以提升现有城市的聚集效应。

第五章 中国城市化进程中的建设用地制度

第一节 中国城市建设用地制度

随着我国经济的发展和城市化水平的不断提高，城市对于土地的需求越来越高。为了能够不断提高土地的供给，同时也为了规范城市的发展速度和效率，我国不断对土地制度进行改革。尤其是从20世纪80年代以后的土地有偿出让制度的改革，"招、拍、挂"制度的建立，土地利用规划的制定，耕地占补平衡政策的出台等，不仅使得我国土地资源实现了一定程度上的自由流动和实现了其本身的市场价值，也使得我国城市化发展更加规范和合理、协调。正如有学者指出：惊人的城市发展速度很大程度上归因于渐进式且根本性的土地政策及土地有偿出让使用制度的改革。

尽管我国的土地制度已经取得了很大的成功，但是到目前为止，我国土地制度中仍旧存在很多较为严重的问题。诸如政府对土地供给的垄断、土地行政划拨比例依旧较大、耕地迅速减少、征地对农民补偿标准过低等（Wang Hui et al.，2009）。因此，为了保证我国城市化的顺利发展，有必要对我国当前的土地制度进行认真的梳理和合理的分析，对目前我国土地政策和制度中存在的问题进行治理。

我国建设用地制度是在土地所有制基础上建立起来的。城市土地和按照法律规定被征用的土地等属于国家所有；农村和城市郊区土地、宅基地等属于集体所有，集体所有土地的主体包括乡镇、村或农民集体小组。城市用地需要通过将农业用地征收之后再转为城市建设用地。因此，研究我国建设用地的问题，一定要从我国建设用地及其相关的土地制度开始研究。

一 土地有偿转让制度的建立

改革开放之前，我国国有土地实行的是行政划拨制度，其具有行政性、无期限性、无偿性和无流动性的特征（容志，2010）。这种使用制度在新中国成立初期为我国社会主义经济制度的建立和发展做出了巨大的贡献。但是随着我国经济的发展，这种制度的弊端越来越突出，带来土地市场的混乱和土地资源的浪费。

改革开放以来，随着市场要素逐渐进入我国国民经济的各个行业和领域，我国逐步对土地制度进行改革，改变了过去土地资源无偿划拨、没有流动性、无期限的使用制度，开始对土地市场实行有偿使用。因为只有实现了土地的有偿使用，才可以通过市场机制对土地资源流动和配置进行更好的管理。

1984 年全国人大通过宪法修正案，明确了"土地的使用权可以按照法律规定转让"，从此，我国土地使用权的有偿转让及土地生产要素开始进入市场。1986 年颁布的《土地管理法》对我国建设用地的使用模式进行了规定，实行建设用地行政划拨和有偿转让两种形式。1987年 11 月，我国开始在深圳、上海等 6 个城市进行城市建设用地使用模式改革试点。1990 年 5 月，国务院发布《城镇国有土地使用权出让和转让暂行条例》（以下简称《条例》），明确规定以后土地使用权的交易方式：协议、招标和拍卖。从此我国正式开始对土地实施有偿使用，也就奠定了以后我国的"招、拍、挂"制度的基础。不过在有偿出让的同时，我国依然保留了行政划拨的供地方式，即在《条例》中明确规定了获得土地使用权可以通过土地使用权出让和土地使用权划拨两种方式，这就造成了我国土地制度中行政划拨和有偿出让并存的"双轨制"。而在出让方式中，"协议"出让方式的市场化程度也较低。

1998 年 8 月，我国重新修订了《土地管理法》，进一步允许土地有偿出让。从此以后，我国很多地区和城市都开始进行建设用地的有偿转让。此后，国家不断完善土地有偿出让和土地交易的"招、拍、挂"制度，并且也不断加强对于土地市场转让的管理。2001 年，国务院发布《关于加强土地资产管理的通知》，提出要对建设用地供应从严管理，严格实行国有土地有偿使用制度，大力推广"招、拍、挂"制度，对土地使用权转让制度加强管理，同时也加强对土地价格的管理和对土地审批的规范。2002 年 5 月，中央 11 号令规定经营性用地（商业、旅游、娱乐和商品住宅等）必须采用"招、拍、挂"的方式，严禁协议出让。这项改革被称为一项重大的"土地革命"。通过"招、拍、挂"制度，我国开始形成一个公开、公正、公平的土地市场。土地交易逐步阳光化、透明化，有效降低了土地交易中寻租和腐败行为发生的概率。

实行土地有偿出让制度以后，中国土地使用制度形成了"二轨四式"的局面："二轨"指行政划拨与有偿出让并存；"四式"指土地获得有四种方式，即行政划拨、有偿出让、招标和拍卖。土地有偿使用制度的建立，改变了我国土地行政划拨、无期限、不能流动和无偿使用的缺陷，通过市场的调节和流动来实现土地的经济价值，不仅能够有效地提高土地的使用效率，还能够促进企业生产效率的提高和产业结构的合理布局。但是同时，土地的有偿出让制度在具体执行过程中也存在一些问题：第一，土地制度的改革使得土地市场更加活跃，为我国东部沿海地区的城市发展和开发区建设提供了良好的机会，但是城市的过快发展和开发区的盲目建设导致建设用地使用失控、耕地流失过快、土地资源浪费等问题产生；第二，土地供给的双轨制和协议出让的产生，实际上也降低了我国土地的市场化程度，给土地使用效率的提高留下了隐患，也为以后土地管理带来一系列问题。

二　城市建设用地使用制度

我国对建设用地的使用管理从进入 21 世纪开始就非常重视。2001

年 6 月，国务院下发了《关于整顿和规范土地市场秩序的通知》，强调要建立健全几项基本制度：一是建设用地供应总量控制制度，二是城市建设用地集中供应制度，三是土地使用权公开交易制度，四是集体决策制度。2003 年中央一号文件明确提出，要加强土地利用总体规划和城镇建设规划的管制，禁止随意修改规划、滥占耕地。2004 年中央一号文件明确提出各级政府要切实落实最严格的耕地保护制度，严格遵守对非农占地的审批权限和审批程序，严格执行土地利用总体规划，并且要积极探索集体非农建设用地进入市场的途径和办法。

（一）土地利用规划政策

我国对于建设用地实行计划管理的制度，主要是通过实施土地利用规划来实现的。土地利用规划又分为土地利用总体规划和年度土地利用计划。土地利用总体规划一般是在中央政府的统一领导和部署下由国务院国土资源部编制的，而且是自上而下层层分解。而年度土地利用计划则是各级地方政府根据总体规划的要求和标准按照实际情况逐年下达的。

土地利用总体规划一般制定一个较长时期内（10～20 年）一个地区可以新增的建设用地总量，或者建设发展所需占用耕地的指标。因为从实际情况来看，我国城市新增建设用地指标所占用的土地绝大多数都是耕地。一般而言，按照我国土地利用总体规划的限制，一个地区（城市）在一定时期内实际新增建设用地（占用耕地）的数量不能超过土地规划所确定的"规划指标"，而且也必须要符合土地规划的要求。同时，在符合土地利用总体规划的前提下，年度土地利用计划则制定了一个地区在一个年度中可以使用的新增建设用地（占用耕地）的数量，即农业用地转为建设用地的"计划指标"。总体来说，只有同时具有了"规划指标"和"计划指标"，我国的农业用地才可以按照要求和规划合理、合法地转为建设用地。

目前，我国土地使用的基本准则是《全国土地利用总体规划纲要（2006～2020 年）调整方案》（以下简称《调整方案》），《调整方案》是 2016 年国土资源部在 2008 年发布的《全国土地利用总体规划纲要

（2006～2020 年）》（以下简称《规划纲要》）基础上进行的调整。

　　《规划纲要》对建设用地的整体要求是：严格控制新增建设用地的规模。《规划纲要》要求采用需求引导和供给调节的办法来合理确定新增建设用地的规模；通过控制建设占用耕地的规模来促进土地使用模式的创新和土地利用效率的提高；并且对各省份提出了耕地总量动态平衡的要求。很明显，土地利用总体规划就是要从空间上控制建设用地的总量，从时间上控制建设用地的分配（见表 5-1）。

表 5-1　《规划纲要》中各地区建设用地指标

地 区	2005 年建设用地总规模	2010 年建设用地总规模				2020 年建设用地总规模			
			城乡建设用地规模				城乡建设用地规模		
				城镇工矿用地规模	人均城镇工矿用地			城镇工矿用地规模	人均城镇工矿用地
	万公顷	万公顷	万公顷	万公顷	平方米	万公顷	万公顷	万公顷	平方米
北　京	32.3	34.8	25.2	16.85	120	38.17	27	19.7	120
天　津	34.63	37.47	23.5	14.9	162	40.34	25	17.5	146
河　北	173.25	179.29	141.6	44.6	146	191.14	149.8	57	136
山　西	84.05	88.78	72	23.3	142	98.3	77	28.5	141
内蒙古	143.92	151.3	105.8	36.3	279	162.28	110	42	255
辽　宁	137.01	143.3	105.4	40	145	155.54	110.14	47	144
吉　林	104.98	108.8	75.2	20.1	127	117.37	79.2	24.1	127
黑龙江	147.35	152.8	113	37.7	167	164.78	118.8	44	163
上　海	24.01	25.9	23	18.3	106	29.81	26	22	110
江　苏	183.15	191.92	147.4	56.7	132	206.15	156	65.8	125
浙　江	94.09	102.34	74.2	39	121	113.26	79.8	46.6	121
安　徽	162.18	169	129.5	27.5	103	180.26	136.16	35.5	108
福　建	58.89	64.8	46	20.05	103	74.35	52.6	26.9	105
江　西	90.62	96.18	64.1	21.5	115	106.75	69.5	27.5	115
山　东	242.24	252.3	192	72.7	151	266.99	200.74	84.5	146
河　南	215.22	225.2	186	48	130	240.73	194	66	128
湖　北	136.76	143.3	99.9	28.7	103	155.71	106.71	37	104
湖　南	133.87	140.37	105.4	26	90	152.58	113.98	36.3	96
广　东	171.53	182.61	140	75	119	200.6	152.3	91.3	119
广　西	90.97	100.16	69	23.1	116	112.61	76.54	32.1	116
海　南	29.26	31.8	20.35	8.4	194	35.71	22.32	10.5	184

续表

地区	2005年建设用地总规模	2010年建设用地总规模				2020年建设用地总规模			
			城乡建设用地规模				城乡建设用地规模		
				城镇工矿用地规模	人均城镇工矿用地			城镇工矿用地规模	人均城镇工矿用地
	万公顷	万公顷	万公顷	万公顷	平方米	万公顷	万公顷	万公顷	平方米
重 庆	56.91	61.68	49.8	14	84	70.44	54.68	19.4	90
四 川	156.22	165.09	137	34.5	106	181.28	148.58	47.2	107
贵 州	54.06	60	46	12.5	93	71.44	50.7	17.9	97
云 南	77.53	83.12	59.7	17.5	109	94.82	66.8	25.3	110
西 藏	6.32	7.32	4	1.7	207	9.98	4.88	2.3	209
陕 西	79.9	84.63	68.85	16.7	98	93.9	73.54	23.2	105
甘 肃	96.7	100.31	58	14.9	156	106.57	62	19.4	153
青 海	31.96	34.32	11.2	4.5	178	39.14	12.74	5.9	176
宁 夏	20.31	22.43	17.1	6	197	26.5	19.3	7.5	197
新 疆	133.07	128.5	76	27	292	149.4	85.3	34.2	271
兵 团	—	22	9.2	4.7	—	25	10.9	5.75	—
机 动	—	4	—	—	—	37	—	—	—
全 国	3192.24	3374	2488	848	129	3724	2665	1065	127

《调整方案》是按照"五位一体"总体布局、"四个全面"战略布局和"创新、协调、绿色、开创、共享"五大发展理念，在第二次全国土地调查成果基础上对《规划纲要》进行的调整。其中，再次强调了坚持最严格的耕地保护制度和最严格的节约用地制度，通过调整土地利用总体规划，强化规划管理和用途管制，加快生态文明建设，促进经济持续健康发展和社会和谐稳定。并且，在一些具体目标上有新的变化。到2020年，全国耕地保有量为18.65亿亩，确保全国15.46亿亩基本农田数量不减少，质量有提高，全国建设用地总规模为4071.93万公顷（61079万亩）。《调整方案》相比于《规划纲要》在一些目标数字上有所调整，其中，耕地保有量比18.05亿亩略有提高，基本农田数量比15.6亿亩的数量略有下调，建设用地总规模比3724万公顷上调了9.34%（见表5-2）。

表 5-2　调整后的 2020 年土地利用主要指标

地区	耕地保有量		基本农田保护面积		建设用地总规模	
	万公顷	万亩	万公顷	万亩	万公顷	万亩
北　京	11.07	166	10.00	150	37.20	558
天　津	33.40	501	28.47	427	44.07	661
河　北	605.33	9080	515.00	7725	224.80	3372
山　西	383.80	5757	325.93	4889	109.80	1647
内蒙古	766.60	11499	620.00	9300	170.06	2551
辽　宁	460.13	6902	368.13	5522	170.07	2551
吉　林	606.67	9100	492.00	7380	113.20	1698
黑龙江	1387.13	20807	1109.73	16646	169.20	2538
上　海	18.80	282	16.60	249	32.00	480
江　苏	456.87	6853	389.60	5844	236.13	3542
浙　江	187.87	2818	159.87	2398	134.53	2018
安　徽	582.40	8736	491.87	7378	205.60	3084
福　建	126.33	1895	107.27	1609	88.00	1320
江　西	292.73	4391	246.20	3693	133.60	2004
山　东	752.53	11288	638.93	9584	291.40	4371
河　南	802.33	12035	680.40	10206	268.47	4027
湖　北	482.87	7243	390.80	5862	177.73	2666
湖　南	397.07	5956	329.67	4945	171.00	2565
广　东	247.93	3719	210.93	3164	208.53	3128
广　西	436.40	6546	365.40	5481	129.13	1937
海　南	71.47	1072	60.60	909	36.67	550
重　庆	190.60	2859	161.60	2424	72.00	1080
四　川	629.87	9448	519.53	7793	190.47	2857
贵　州	419.07	6286	350.47	5257	74.40	1116
云　南	584.53	8768	489.40	7341	115.40	1731
西　藏	39.47	592	31.60	474	16.47	247
陕　西	360.93	5414	306.00	4590	100.27	1504
甘　肃	498.47	7477	399.00	5985	94.87	1423
青　海	55.40	831	44.40	666	37.00	555
宁　夏	116.53	1748	93.27	1399	34.13	512
新　疆	428.73	6431	354.00	5310	185.73	2786
#兵团					35.33	530
全　国	12433.33	186500	10306.67	154600	4071.93	61079

（二）城市建设用地管制政策

在土地利用总体规划的基础上，我国也加强了对于城市建设用地的管制。我国土地基本法要求，土地使用权的出让必须符合我国土地利用总体规划、城市规划和年度建设用地计划。在我国，年度建设用地计划是中央和各地方政府根据经济发展的需要对该年度内各项建设用地数量的安排，是对城市进行建设用地计划管理的基础。其中，新增建设用地计划指标被划分为新增建设用地总量和新增建设占用农地及耕地指标，它们分别规定了该年度内全国和各级地方新增建设用地的总量以及建设用地占用耕地的数量。我国通过以上的方法限制各级地方政府对于耕地的盲目占用和不合理开发。从具体的执行情况来看，已经取得了较好的成果。自 2003 年国家强化土地利用计划管理制度以来，我国国内投资增长过快的势头得到一定程度的遏制，城市建设用地和城市建成区面积的扩张趋势有所下降。

此外，我国对于城市土地也进行严格的管理，严禁土地的闲置和囤积。我国土地管理法规定，已经办理了审批手续的非农建设占用耕地，如果在一个年度内没有动工建设，应由县级以上人民政府无偿收回该土地的土地使用权。同时，我国房地产管理法也规定，以出让方式取得土地使用权进行房地产开发，必须按照合同上约定的用途、日期开发土地；如果超过合同约定日期一年没有动工开发，则由有关部门征收土地所有权出让金 20% 以内的土地闲置费；如果超过两年还没有动工开发，则可以由原有部门无偿收回该土地的使用权。尤其是 2007 年以来随着我国房地产价格的上涨，国土资源部门加大了对于土地囤积和限制的查处力度，有效保证了土地合理开发利用。

（三）耕地占补平衡政策

耕地占补平衡的目的是要保证耕地总量的动态平衡。按照我国土地管理法和土地规划，经过国务院批准可以占用耕地的非农业建设，必须按照"占多少、补多少"的原则，由占用耕地的单位负责开垦与所占耕地数量相等、质量相同的耕地；没有条件进行开垦或开垦耕地不符合国土资源部门要求的，应当按照省级政府的规定缴纳相应的耕地开垦费。《全国土地利用总体规划（2006～2020 年）》提出要严格执行建设占用耕地补偿制度，此外又提出了加强农村土地整理、工矿废弃地复垦和适度开发宜耕后备土地的要求，要求到 2010 年和 2020 年，全国通过土地整理、复垦和开发补充的耕地不低于 1710 万亩和 5500 万亩。

总体而言，建设用地利用规划和耕地占补平衡政策构成了我国建设用地的基本使用制度，同时也构成了"世界上最严厉的"土地政策。

三　小结

总体来看，我国现行的土地制度（土地有偿使用、土地利用规划、城市建设用地指标管理等）主要是基于我国当前的发展现状和基本国情制定的——既要努力保证粮食安全，避免出现粮食危机，还要保证城市发展速度。可以说，我国土地制度的不断变革，基本上适应了目前时期经济和城市发展对于土地的需要，保证了改革开放以来土地对于经济发展的贡献。

但是，经过多年的发展，尤其是进入 21 世纪以来，我国经济和城市快速发展，对土地制度产生了更高的要求，尤其是对于土地要素自由流动和资本化的要求。因此，需要结合未来我国经济发展和城市发展对土地的要求来对我国现行土地制度进行实时修订。

第二节　中国集体建设用地制度

一　集体建设用地制度的建立

在我国现行土地制度下，农村的土地属于集体所有，按照现行土地管理体制，农村集体土地的使用，需要在上一级政府的监管下，由农村集体组织进行管理。农村集体组织除了对农业用地进行分配外，还对房屋建造、集体公共工程和城镇企业所需的集体土地具有分配权。农业用地转变为集体建设用地采用集体征用的方式；而且农业用地转为集体土地的政策与农业用地转为国有土地完全不同。

目前，我国集体建设用地主要包括集体经营性建设用地、公共用地和农民的宅基地。其中，占地比重最大的是集体经营性建设用地。集体经营性建设用地是改革开放以后发展起来的，尤其是20世纪80年代和90年代我国农村经济发展和乡镇企业蓬勃发展以后。目前，集体经营性建设用地占用土地在我国建设用地中是最大的资产。占地比重排第二的是宅基地。宅基地是我国农民自行建造房屋而占用的集体土地。20世纪80年代以来，随着我国农村经济的发展和农民收入水平的提高，农村宅基地所占比重越来越大，成为占用耕地的一个重要方式。占地比重最小的是公共用地，主要是指农村地区的基础设施建设、道路、学校、公园等占地。

从政策变化过程来看，我国集体建设用地政策主要分为以下几个阶段。

第一阶段：改革开放初期，我国农村集体建设用地逐步被纳入政府管理。改革开放以后，为了鼓励农村经济和乡镇企业的发展，我国开始逐渐放开农地转变为集体建设用地，但是对于农业用地转为集体建设用地没有统一管理，集体土地使用较为混乱。

第二阶段：从1992年开始，我国开始逐步关闭集体建设用地进入市场。当年，国务院出台了《关于当前经济情况和加强宏观调控的意见》，规定集体土地必须先被征用为国有土地然后才能作为建设用地。1997年开始实行用地指标审批管理。1998年我国重新修订了《土地管理法》，对农村土地进入非农集体建设进一步收紧，提出农民集体所有的土地不得以任何方式用于非农建设。

第三阶段：21世纪以来，逐步开放集体建设用地进入土地市场。随着我国城市化的快速发展，城市建设用地短缺严重，为了充分利用现有存量建设用地，保证城市化发展的速度和质量，中央开始逐步放开对于建设用地入市的限制。2004年，中央8号文件开始提出"鼓励农民建设用地整理，城镇建设用地增加要与农村建设用地减少挂钩。加强农村宅基地管理，禁止城镇居民在农村购置宅基地。在符合规划的前提下，农村的集体建设用地使用权可以依法流转"。2006 年国务院 31 号文件要求禁止通过"以租代征"等方式将集体所有农用地转做非农建设，同时允许"在符合规划并严格限定在依法取得的建设用地范围内，集体建设用地使用权流转"。

2014 年 12 月，中共中央办公厅、国务院办公厅印发《关于农村土地征收、集体经营性建设用地入市、宅基地制度改革的意见》，要求在坚持土地公有制性质不改变、耕地红线不突破、农民利益不受损三条底线不动摇的前提下，开展农村土地制度改革。2015 年 2 月，受国务院委托，国土资源部部长向十二届全国人大常委会第十三次会议作《关于授权国务院在北京市大兴区等 33 个试点县（市、区）行政区域暂时调整实施有关法律规定的决定（草案）》的说明。随后，国土资源部发布具体的实施细则。

试点内容包括四个方面。一是完善农村土地征收制度，即缩小土地征收范围；规范土地征收程序；对被征地农民实行合理、规范、多元的保障机制。二是建立农村集体经营性建设用地入市制度，即完善农村集体经营性建设用地产权制度；明确农村集体经营性建设用地入市范围和途径；建立健全市场交易规则和服务监管制度。三是改革完善农村宅基地制度，即完善宅基地权益保障和取得方式；探索宅基地有偿使用制度；探索宅基地自愿有偿退出机制；完善宅基地管理制度。四是建立兼顾国家、集体、个人的土地增值收益分配机制，合理提高个人收益，即完善土地增值收益在国家与集体之间的分配机制；健全土地增值收益在农村集体经济组织内部的分配机制。

从三个阶段来看，我国对于集体建设用地的管理正在逐步规范化、合理化。从严格限制集体建设用地流转到逐步放开，已经取得了重大的突破。但总的来说，我国集体建设用地不能流转的局面还没有得到完全的改善。在过去的土地制度变革中，集体经营性建设用地基本不经过国家征用，农民宅基地也是通过申请批准自用的。这种缺乏统一管理的集体土地使用状况导致农村土地形成隐性市场，从而也导致了很多违法用地现象的产生。而在我国现行的城市建设用地供地制度中，政府掌握着土地供地的全部权力，而且还是建设用地的唯一提供者，可以说是垄断着我国集体土地从征地到供地的全过程（蒋省三等，2010）。这限制了我国集体建设用地入市交易，不利于我国工业化和城市化的进一步发展。

二　集体经营性建设用地制度变迁

（一）改革历程

农村集体经营性建设用地是指存量农村集体建设用地中，土地利用总体规划确定为工矿仓储、商服等经营性用途的土地，农民宅基地和公益性公共设施用地不包括在内。农村集体经营性建设用地市场产生演变与我国农村发展和改革紧密相关，是农民自主参与工业化和城镇化发展的重要基础。农村集体经营性建设用地入市对于构建城乡一体化建设用地市场，优化土地资源要素配置，提高农民资产性收入具有积极意义。结合地方实践和同一时期法律和政策文件要求，本书将新中国成立后农村集体经营性建设用地市场的发展改革历程划分为三个阶段。

1. 1958～1998年：地方实践先行，法律和政策文件给予相应支持

1958年全国掀起大办农村工业的热潮，主要形式为社队企业用地的农村集体经营性建设用地应运而生。改革开放以后，农村联产承包责任制提高了农业生产力，乡镇企业"异军突起"，带动第三产业发展，集体经营性建设用地数量增加。乡镇企业破产、兼并重组，带来土地要素重新配置，集体建设用地市场也空前活跃。从改革开放到20世纪90年代末，农村集体建设用地入市也有法律依据。1986年《土地管理法》第36条规定，全民所有制企业、城市集体所有制企业同农村集体经济组织共同投资举办联营企业，需要使用集体所有土地的，可以由农村集体经济组织按照协议将土地使用权作为联营条件。1988年修订后的《土地管理法》第2条规定，国有土地与集体所有土地的使用权可以依法转让。

2. 1998～2008 年：地方积极探索，相关文件支持制度创新

进入 21 世纪后，集体建设用地市场管理法规发生重大变化。1998年《土地管理法》第 43 条规定，任何单位与个人进行建设，需要使用土地的，必须依法申请使用国有土地；第 63 条规定，农民集体所有的土地的使用权不得出让、转让或者出租用于非农业建设。两条法规限制了农民凭借土地财产权利，自主参与工业化和城市化的进程。尽管法律禁止，但由于历史原因和农村发展的强烈意愿，集体建设用地一直广泛存在。党中央和国务院的相关文件多次提出探索集体建设用地进入市场流转的办法。2004 年《关于深化改革严格土地管理的决定》提出允许一部分符合规划的农村集体建设用地进入流转市场，随后国土资源部颁布了城乡建设用地增减挂钩政策，一定程度上盘活了农村集体建设用地流转。部分省级政府支持集体建设用地入市，如 2005 年 6 月广东省政府颁布了《广东省集体建设用地使用权流转管理办法（草案）》，允许集体建设用地直接入市交易。党的十七届三中全会明确提出了要逐步建立城乡统一的建设用地市场，地方政府积极开展了相关实践和探索，如重庆的"地票"模式、广东的"三旧"改造、北京的"城中村"改造、成都的统筹城乡发展试验、浙江嘉兴的"两分两换"等。

3. 2008 年至今：试点先行先试，逐步放开集体建设用地入市限制

党的十八届三中全会明确规定：建立城乡统一的建设用地市场。在符合规划和用途管制前提下，允许农村集体经营性建设用地出让、租赁、入股，实行与国有土地同等入市、同权同价。2014 年 12 月中共中央办公厅和国务院办公厅发布了《关于农村土地征收、集体经营性建设用地入市、宅基地制度改革试点工作的意见》（以下简称《意见》），标志着改革进入试点阶段。2015 年起，全国人大授权在试点县（市、区）行政区域，暂时停止实施《土地管理法》第 43 条和第 63 条、《城市房地产管理法》第 9 条关于集体建设用地使用权不得出让等的规定，明确在符合规划、用途管制和依法取得的前提下，允许存量农村集体经营性建设用地使用权出让、租赁、入股，实行与国有建设用地使用权同等入市、同权同价。国土资源部选取了 15 个市（县）开展农村集体经

营性建设用地入市试点工作。2016 年 9 月，农村集体经营性建设用地入市改革扩大到 33 个试点地区。

（二）改革进展

本书对试点地区开展农村集体经营性用地入市改革做法进行梳理和分析，总体上看，经济较为发达或者建设用地需求较大的试点地区进展较快，取得了以下进展和成效。

1. 完善制度设计，初步构建城乡统一的建设用地市场

各试点地区根据中央办公厅、国务院办公厅和国土资源部印发的一系列文件，完成了建章立制工作，围绕界定入市范围、完善同权同价、规范操作程序和入市增值收益调节金使用等重点内容，编制了农村集体经营性建设用地入市管理办法、操作程序和实施方案等制度文件。

各试点地区制订了农村存量集体经营性建设用地情况调查方案，全面摸清每宗地的位置、面积、权属、使用情况和入市意向等，为集体经营性建设用地入市打好基础。坚持公开、平等、依法、自愿、有偿、有期限的原则，明确符合土地利用总体规划和土地用途管制的农村集体经营性建设用地符合入市要求。搭建农村集体经营性建设用地交易平台，推进了农村集体经营性建设用地的入市交易，基本实现了同等入市、同权同价的交易要求。

2. 积极探索入市方式，创新农村集体经营性建设用地入市路径

一是明确入市主体。农村集体经营性建设用地所有权人包括乡镇政府、村集体和村小组三类。为了避免农村农民组织化程度不高所引发的土地交易风险，北京和上海探索"镇级统筹"模式，北京大兴区以镇为单元，成立镇集体联营公司作为入市主体。上海市松江区在农村集体经济组织产权制度改革的基础上，成立镇级联合社和镇村两级联合社作为入市主体。浙江德清针对镇、村、组三级入市主体不同形态，成立股份经济合作社，明了了"自主入市、委托入市、合作入市"三种实现形式。贵州湄潭划清集体经济组织成员和村民的权利和义务，成立村级股份经济合作社作为入市主体。根据地块类型采取了就地入市、调整入

市、城中村整治入市和综合类分割登记入市等几种途径。

二是构建入市路径。试点地区参考借鉴国有建设用地流转的经验和做法，以构建城乡一体的建设用地流转市场为目标开展探索。试点地区主要采取单独构建农村土地产权交易平台，如贵州湄潭、重庆大足。或者进入国有建设用地统一交易平台，如广西北流，采取招标、拍卖、挂牌的形式公开进行交易，以出让、出租、转让、转租、抵押等方式入市流转。佛山南海区参考国有土地储备制度，成立区、镇集体土地整备中心，通过托管、收购等方式，对农村集体经营性建设用地进行整合、清理和前期开发，参考国有建设用地使用权出让情况，设定农村集体经营性建设用地基准地价。

3. 完善土地增值收益分配机制，增加农民集体财产性收入

围绕建立兼顾国家、集体和个人的土地增值收益分配机制，合理提高个人收益的要求，各地结合实际制订了土地增值收益调节金征收管理办法。《农村集体经营性建设用地土地增值收益调节金征收使用管理暂行办法》提出，按入市或再转让农村集体经营性建设用地土地增值收益的 20% ~ 50% 征收调节金。增值收益是入市收入扣除取得成本和土地开发支出后的净收益，以及再转让环节的再转收入扣除取得成本和土地开发支出后的净收益。试点县充分考虑土地用途、土地登记、交易方式等因素，确定调节金征收比例。

上海松江区根据土地用途确定增值收益调节比例，规定商服用地计提比例为 50%，工业用地计提比例为 20%。收益分配方面入市收益由区、镇两级统筹，区级占 30%，其余 70% 拨付给所在街道。出让收入扣除调节金以外部分归集体经济组织所有，扣去开发成本后部分用于集体经济组织资产经营，以定期分红形式分配给农民。农民集体通过入市方式所获得的收益明显高于同等条件下征收后出让的方式，以松江区首幅出让的集体经营性建设用地为例，若按国有土地出让方式，农民集体可得土地补偿费 52.7 万元及社保安置；若按集体土地入市方式，扣除承担的地块前期开发成本，且预留部分收益实现与征地同等的社保安置后，集体经济组织实际收益约为 852 万元，两种方式的差额约为 800 万元。

贵州湄潭规定国家征收调节金比例为 12%，集体提取公积金和公益金总额不得超过 50%，集体经济组织成员分配比例不少于净收益的 50%，具体比例和形式由集体经济组织召开成员会议确定。通过集体经营性建设用地入市，原使用权人得到比土地征收略高的收益，平均分享 50%～70% 的改革红利。

4. 提高土地利用效率，发挥集体建设用地保障功能

农村集体经营性建设用地入市为符合产业政策的工商业项目搭建了土地平台，拓展了发展空间，发挥了集体建设用地保障发展功能，特别是对中西部地区，集体经营性建设用地入市加快了工业化和就地城镇化的进程。

农村集体经营性建设用地具有总量小、面积小和分布散的特征。为了充分发挥入市对用地保障的作用，重庆市大足区统筹考虑人口、产业、用地和环境发展等需求，编制了"多规合一"的村级用地规划，作为农村集体经营性用地入市规划管理依据。同时为了提高土地利用效率，部分试点地区将集体经营性建设用地入市与土地综合整治相结合，将零星分散的农村集体经营性建设用地调整入市，如广西北流市全面铺开零星分散农村集体经营性建设用地整治复垦立项工作，同步编制规划和实施复垦，提高了土地节约集约利用水平。

（三）存在问题

1. 相关规划编制滞后且不衔接

农村集体经营性建设用地入市前提条件符合土地利用总体规划和城乡建设规划规定的工业和商业等经营性用途。用途确认的前提是城乡建设总体规划和控制性详细规划要覆盖到位。但目前试点地区控制性详规主要覆盖了县城和乡镇政府所在地及主要工业和商业园区，广大农村地区覆盖性差，且土地利用总体规划和城乡规划存在矛盾，无法为集体建设用地入市提供依据。同时编制控制性详规和两规协调需要较长时间和较高的编制经费，严重制约了农村集体经营性建设用地入市。

2. 土地增值收益分配计算方法不明确

财政部、国土资源部印发的《农村集体经营性建设用地土地增值收益调节金征收使用管理办法》（以下简称《办法》）规定，农村集体经营性建设用地土地增值收益实施入市收入扣除取得成本和土地开发支出后的净收益，以及再转让环节的再转让收入扣除取得成本和土地开发支出的净收益。根据规定，成本核算体系是确定土地增值收益调节金的基础，《办法》要求试点县人民政府根据实际情况确定。目前成本核算各项指标无参照，而且区域差别较大，成本核算标准难以统一，试点地区在操作中存在很多困惑和争议。

3. 农村集体经济组织的法人地位不明确

集体经营性建设用地入市搭建了镇、村、组三级农村集体经济组织直接参与市场经济的桥梁。但由于农村集体经济组织的社区性、内部性，管理相对松散，尤其是村民小组一级，占有土地多但成员少不稳定，在实际经营管理上与一般企业和公益性组织都不同，其概念和地位界定影响后续的配套管理。入市具体操作中涉及的合同签订和修改、监督执行、纠纷处理和违约责任等问题都要进一步厘清，集体经济组织的法人地位仍需进一步研究明确。

三　宅基地制度变迁

（一）改革历程

长期以来，宅基地在我国政策法规体系下是一种农民生产生活的基本保障，其流转严格受限。1962 年的《人民公社条例》第 21 条规定，"生产队范围内的土地，都归生产队所有。生产队所有的土地，包括社员的自留地、自留山、宅基地等等，一律不准出租和买卖"。这是新中国成立以后国家层面对农民宅基地较早的规定，仅限本集体经济组织特定的成员使用，不允许城镇居民购买。

1999 年 5 月，国务院办公厅《关于加强土地转让管理严禁炒卖土地的通知》（国办发〔1999〕39号）规定："农民的住宅不得向城市居民出售，也不得批准城市居民占用农民集体土地建宅，有关部门不得为违法建造和购买的住宅发放土地证和房产证。"同时，根据1998年修订出台的《土地管理法》："农村村民一户只能拥有一处宅基地，其宅基地的面积不得超过省、自治区、直辖市规定的标准。"这实际上使唯一有权使用宅基地的本经济组织内成员，也丧失了购买他人宅基地的权利。

21世纪以来，宅基地制度改革进展缓慢，仍然保持严格的流转限制。十八届三中全会明确指出，保障农户宅基地用益物权，改革完善农村宅基地制度，选择若干试点，慎重稳妥推进农民住房财产权抵押、担保、转让，探索农民增加财产性收入渠道。2014年底，中共中央办公厅和国务院办公厅联合印发《关于农村土地征收、集体经营性建设用地入市、宅基地制度改革的意见》，新一轮宅基地制度改革正式提上日程。2015年2月25日，受国务院委托，国土资源部部长向十二届全国人大常委会第十三次会议作《关于授权国务院在北京市大兴区等33个试点县（市、区）行政区域暂时调整实施有关法律规定的决定（草案）》的说明。2015年3月，国土部发布实施细则，在全国选择15个市县作为宅基地制度改革试点。试点既包括浙江省义乌市、福建省晋江市这样的发达地区，也包括西藏自治区曲水县这样的偏远地区。

（二）改革进展

1. 改革具体内容

总的来讲，改革完善农村宅基地制度主要包括四项内容，即完善宅基地权益保障和取得方式、探索宅基地有偿使用制度、探索宅基地自愿有偿退出机制、完善宅基地管理制度。

第一，改革农民住宅用地取得方式，探索农民住房保障在不同区域户有所居的多种实现形式，健全农民住房保障机制。第二，对因历史原因形成超标准占用宅基地和一户多宅的，以及非本集体经济组织成员通过继承房屋等方式占有的宅基地，应积极探索有偿使用。第三，配合农民住房财产权抵押担保转让试点的推进，慎重稳妥探索农民住房财产权抵押担保中宅基地用益物权的实现方式和途径。第四，允许进城落户农民在本集体经济组织内部自愿有偿退出或转让宅基地。

与以往的改革不同，新一轮的改革强调"于法有据"。宅基地制度改革试点推进的同时，经全国人大授权，试点地区可以暂停实施相关法律法规，比如暂时停止实施《土地管理法》第 43 条和第 63 条、《城市房地产管理法》第 9 条关于集体建设用地使用权不得出让等的规定；暂时调整实施《土地管理法》第 44 条、第 62 条关于宅基地审批权限的规定；暂时调整实施《土地管理法》第 47 条关于征收集体土地补偿的规定。

2. 改革推进效果

2017 年 4 月下旬，国土资源部在浙江省德清县召开统筹推进农村土地制度改革三项试点工作现场交流会，33 个试点地区进行经验交流。根据会议公布的数据，15 个宅基地制度改革试点地区退出宅基地 7 万余户，面积约 3.2 万亩。

3. 典型地区改革成效

江西省余江县对宅基地分配、流转、有偿使用、有偿退出、抵押担保、增值收益分配等环节进行全方位改革，建立健全了覆盖县、乡、村、组的宅基地管理制度体系，并在村组得到具体运用和实践。截至 2017 年 3 月，全县共退出宅基地 24160 宗，面积 218 万平方米，其中无偿退出 19584 宗，面积 165 万平方米，有偿退出 4576 宗，面积 53 万平方米；收回村庄规划内土地 857 亩，村庄规划外的宅基地复垦 574 亩；收取 5040 户有偿使用费 690 万元；流转宅基地 56 宗，面积 13690 平方米；择位竞价宅基地 49 宗，面积 5600 平方米。彻底消除了试点村的空心化现象，释放了大部分村庄 10～15 年的农民建房用地，有力地保护了耕地资源。

福建省晋江市以宅基地退出和抵押为重点推进改革。截至 2017 年 3 月，共腾退宅基地 3748 亩，其中城市改造腾退 1732 亩宅基地，节地率 66%；成片石结构房改造，腾退宅基地 738 亩，节地率 32%；危房就地翻建，腾退宅基地 1278 亩，节地率 25%，结余的土地统筹用于公共配套、民生项目。为了进一步盘活宅基地资源，晋江农商银行推出"农房乐"抵押贷款产品，"农房乐"业务历经近 20 余年，累计发放贷款超过 31 亿元，受益农户超过 1 万户。截至 2017 年 2 月底，晋江农商银行的农房抵押贷款余额 6.23 亿元，农户 674 户（户均 92.4 万元），占福建全省农房抵押贷款余额的 60% 以上。不良贷款余额 1645 万元，不良贷款率 2.48%。

浙江省义乌市结合国际贸易综合改革、新型城镇化试点、农村改革试验区等统筹推进宅基地制度改革。在城镇规划红线范围内的 281 个村，由政府主导、多村集中联建安置到 55 个集聚区，允许农民退出的农村宅基地，置换成具有完全产权的高层公寓、标准厂房、仓储物流、商业用房、商务楼宇或货币，引导人口产业有序集聚，优化城市品质，提升城市能级。目前，全市集聚建设高层公寓项目 7 个，占地面积 984 亩，总建筑面积 227 万平方米，总套数 11885 套，配套产业用房项目 7 个，占地面积 381.7 亩，总建筑面积 81.2 万平方米，可将 14463 个农民融入城市圈，纳入城市生活。截至目前，累计安置高层公寓 2494 套，其中 1035 套已经顺利分房到位，入住率达 90%。

湖南省浏阳市在宅基地有偿使用方面进行了卓有成效的探索。截至 2017 年 3 月，共办理宅基地确权 9403 宗，整合废旧宅基地 1089 宗，规划整理新的集中连片宅基地 89 宗，各村级组织收取有偿使用费 322 万元。集体经营性建设用地入市方面，经过 3 个月的精心准备，成功网上挂牌成交大瑶镇南阳村原扁塘完小地块，面积 3.18 亩，成交价 90 万元（合 28.3 万元/亩），成为湖南省成交的第一宗集体经营性建设用地入市项目。目前，已成功组织 2 宗农村集体经营性建设用地使用权入市交易，总成交价 241 万元，还有 4 宗即将挂牌。在严格落实"一户一宅"、面积法定的前提下，允许四个街道辖区和两个园区规划建设范围之外的宅基地，面向全市符合宅基地申请条件的农村集体经济组织成员流转。

（三）存在问题

1. 宅基地粗放利用的局面还未得到根本扭转

根据九三学社发布的调查报告，近年来，我国农村常住人口每年以 1.6% 的速度在减少，但宅基地却以每年 1% 的速度增加，有 1/4 的住房常年无人居住，农村每年建房占地 200 万亩左右，农民建房投入每年达到数千亿元。造成这些浪费的根源在于，宅基地缺乏退出机制，特别是有偿退出机制。现行的土地管理法规都偏重于对新增宅基地的审批管理，对闲置宅基地如何依法管理，合理、合法收回等没有具体规定，对违法违规行为缺乏约束，没有形成合理有效的宅基地退出机制。

2. 宅基地制度改革与农村土地其他领域的改革统筹推进力度有限

农村土地征收、集体经营性建设用地入市、宅基地制度改革最初作为三项独立的改革试点开展，相互之间封闭操作。2016 年 9 月，国土资源部允许地方将三项试点打通推进。但目前来看，统筹推进试点的进展有限。一个原因是，统筹推进试点涉及部门多、利益环节多，从省级到市级，亟须国土资源、财政、人社、住建、金融等部门加强协调配合，但实际工作中情况并不理想。

3. 总结提炼改革成果需要进一步加强

对改革试点工作的系统总结不够，特别是对具体试点地块的深入挖掘、分析不够，对改革成效和经验的总结提升不够，尚未形成比较系统的改革试点案例分析报告，与"探索形成可复制、可推广的改革成果"还有差距。

第三节　现行建设用地制度存在的问题

根据以上的研究和分析，我们可以看出我国现行的建设用地制度存在以下问题。

一 建设用地制度刚性有余而弹性不足，造成城市建设用地指标短缺

我国《土地管理法》和其他相关土地法规制度都规定，城市建设用地的使用必须严格按照城乡土地利用总体规划的要求。目前我国实行的是《全国土地利用总体规划（2006～2020年）调整方案》，这是在2008年版本的基础之上修订的，建设用地和耕地占补等的数据是以第二次全国土地调查为基础的。尽管已经对原来不适应城市化发展的一些指标分配等进行了调整，但是仍然存在一些影响城市化健康发展的因素。

一方面，土地规划是对于未来10～15年的土地利用的估计，但是未来发展的不可预测性，以及诸多不可控因素的存在，会造成指标规划脱离实际，或高于或低于实际的经济发展和城市发展水平。而且由于规划制定属于中央政府，而土地指标的落实主体则是地方政府，所以当发现项目与规划不符合时，修改起来比较困难。

另一方面，建设用地指标的制定与经济发展对土地的需求脱节。主要反映在城市化快速发展带来城市建设的快速扩张，很多城市表示当前建设用地指标难以满足发展需要，特别是在东部发达地区和中西部的大城市，而且近几年房地产市场高速发展刺激了城市建设用地的增长。目前，我国城市建设用地指标的这种计划管理模式，虽然能够有效保证城市扩张速度，保证耕地数量，但是指标管理的严格造成土地供给与建设用地需求之间存在巨大的矛盾，阻碍了我国城市的进一步发展。

二 现行建设用地制度缺少流动机制，导致区域间分配不平衡

尽管土地利用总体规划考虑到东部地区和中心城市发展速度较快，已经对这些地区的建设用地指标分配较多，但是仍然相对落后于实际发展中城市扩张的需要。这就造成建设用地指标在区域之间配置不均衡：

发达地区和中心城市发展较快，所需要的指标更多，但是实际分配的建设用地指标无法满足城市扩张的需要，建设用地存在缺口；相对落后地区由于经济发展较慢，城市建设用地指标不能够充分使用，会出现部分指标的富余，从而产生土地资源的浪费。

目前我国对于建设用地指标政策和相关政策的管理实行中央统筹编制，然后再按照自上而下的原则逐级分解和下达；区域内部可以根据实际需要进行指标调剂，但是跨区域的指标调剂是被严令禁止的。这样当一个地区（省、区、市）内部出现指标不均衡情况时，可以由省级部门进行调节，将建设用地指标富余地区的指标调剂到缺乏地区。但是中央对于跨区域建设用地指标的流转是坚决禁止的。各个地区经济发展水平和自然资源条件不同，东部发达地区城市化发展速度较快，所需占用耕地较多，但是东部地区发展较早，能用来平衡占用耕地的土地后备资源不足，这就限制了东部地区建设用地的数量；而西部地区由于城市化水平相对较低，可用于复垦、整理的后备土地资源就相对较为丰富。于是，建设用地指标缺乏的地区没有耕地指标和后备资源；有耕地后备资源的地区建设用地指标富余。这种土地指标之间的人为分割，造成土地要素不能自由流动，不仅降低了各个地区土地要素的使用效率，也限制了全国城市化水平的提高。

三　城乡之间建设用地缺乏流动机制

根据以上分析，我国建设用地市场是这样的情况：国有建设用地相对比较缺乏；集体建设用地规模巨大，使用效率低下。因此，将集体建设用地转变为国有建设用地将是缓解我国目前城市建设用地短缺的一个重要方法。

但是，由于目前我国实行的是城乡分治的土地所有制结构，城市土地市场与农村土地市场之间是分割的，所以就出现了以下几方面问题。

第一，城乡土地制度不公平。城乡土地属于不同的所有制，导致集体建设用地与国有建设用地产权不同、权益也不相同（瞿志印、陈江强，2008）。因此农村土地和城市土地是一种不平等的交换制度，农村集体土地被征用为国有建设用地时补偿较少。同时，拥有宅基地的农村居民，不能作为合理的产权主体，也就不能自由抵押、买卖宅基地，所以农村宅基地丧失了作为土地资本和农民财富的属性。

第二，城乡之间土地管理不统一。农村土地没有被全部纳入我国土地部门管理系统，集体建设用地管理不够科学和系统，部分数据失真、管理混乱，使其容易被侵占。

第三，城乡土地市场分割，造成政府成为城市建设用地的唯一提供者，政府部门垄断了城市土地一级市场，不利于土地交易市场化，不利于充分竞争机制的形成。过于严格和缺乏弹性的计划管理模式不仅难以实现管理的目的，也会带来下级政府违法用地。建设用地指标分配的主体是上级政府，而最了解本地实际建设情况的则是下级政府；一些下级政府喜欢多报建设用地指标，而上级政府出于公平、全局统筹和可持续发展的考虑又不愿意给更多的土地。因此在用地需求信息不对称的情况下，建设用地指标的规划难以符合地方城市实际发展的需要。

四　集体建设用地不能入市，不能实现农村土地资本化和财富化

目前，我国城乡二元土地所有制结构，造成城乡土地市场的分割，国有土地和集体土地不能够实现自由流通，从而限制了土地要素生产效率的提高。尤其是在当前我国城市建设用地极度紧张的情况下，农村集体建设用地存在规模较大、使用效率低下、浪费严重等现象，集体建设用地不能够流转，不能够进入土地市场进行交易，是一种对于土地资源的浪费。

此外，在我国集体建设用地中，农民的宅基地占有非常大的比重。但是由于目前我国土地制度和各种体制的限制，农民宅基地不具有与城市房产一样的权属，也就不能进行抵押和流转，这就限制了农村宅基地对于农民财富增值作用的发挥。而宅基地作为农民的财富，不能实现流

转，是一种对于财富的浪费。这是一种"沉睡的资产"，只有宅基地实现了流转，才能真正体现其资本属性和财富属性，才能真正为农民带来收益。

第四节　现行建设用地制度的效应分析

由于目前我国城市化快速发展带来城市建设用地需求快速增加，以及我国建设用地制度具有特殊性，所以我国建设用地的使用存在浪费、使用效率低下和短缺并存的现象；建设用地指标管理的方式一定程度上导致我国土地市场的行政垄断性和计划色彩浓厚。这些问题归纳起来就是土地没有实现资本化、市场化、全国化和流动性，这给我国经济、社会发展带来负面影响，主要表现在以下几个方面。

一　导致我国区域之间发展差距增大

改革开放以来，我国城市化发展迅速，而影响城市发展的重要因素是土地指标。在现行体制下，土地指标的分配方式影响了我国区域之间的均衡发展。

我国现行建设用地指标是按照全国土地利用总体规划层层分解和划分的，这种指标计划管理的建设用地分配制度，难免造成分配不均衡、不合理的现象，尤其是经济发展较快地区容易获得较多的建设用地指标。这样，经济发达地区就获得更多发展的机会和空间；而经济相对落后地区则因为建设用地指标不足而制约了经济的发展。因此，可以说建设用地指标分配方式不合理一定程度上造成我国区域之间发展差距进一步增大。

同时，建设用地使用制度也间接地影响了区域之间的均衡发展。我国区域之间土地资源分布不均，东部地区土地资源较为丰富，而中西部地区土地资源较为短缺；东部地区经济相对较为发达，中西部地区经济相对落后；在城市发展过程中，东部地区容易获取更多的建设用地指标，同时也具有可用于耕地占补的后备土地资源，而西部地区可用于建设的土地面积较少，可用于复垦为耕地的后备资源较少。因此，在现有建设用地使用制度的前提下，区域之间建设用地指标存在明显的差距，无形中扩大了区域之间的发展差距。

二　导致我国城乡之间发展差距增大

城乡之间土地资源的合理流动有助于促进城乡和谐发展。城乡要实现和谐发展，就要实现生产要素在城乡之间的合理流动，同时也要建立合理的城乡之间要素补偿机制。但是目前，我国现行建设制度禁止建设用地在城乡之间流动，同时也没有合理的城乡之间要素补偿机制，导致城乡之间发展差距不断扩大。

城乡之间土地资源的合理流动能够促进城市和农村经济同时实现快速发展。改革开放以来，土地资源推动我国工业化和城市化的快速发展，土地资源在城市和农村经济发展中都起着重要的促进作用。但是目前，我国农村建设用地存在大量浪费、闲置和使用效率低下的问题，由于土地制度禁止集体建设用地进入市场，从而人为地割裂了城乡之间的土地市场，这导致农村土地开发受到限制，农村经济发展落后于城市。

同时，我国也没有建立合理的城乡之间土地要素流动的补偿机制。城市建设所需土地主要来自农村，因此，就应该对农村进行合理的补偿。目前，我国有一套针对耕地占用的补偿机制，但是我国二元土地所有制、建设用地使用制度等对农村土地的限制，造成补偿机制的不合理，补偿价格过低，没有考虑农民的生产、生活和社会保障制度，这样就等于城市低价格占用农村土地资源。没有合理的补偿机制，会导致城市与农村之间发展差距进一步扩大。

三　导致我国城市体系发展不合理

我国城市化发展过程中建设用地使用和制度存在的问题，在一定程度上也影响了我国城市体系的合理构建。一个合理的城市体系，是实现要素资源在城市间合理流动的城市体系，是大中小城市协调发展、合理共存的城市体系。

但是，我国的城市体系还不够完善，主要表现为大中小城市发展不均衡，要素资源还没有实现在城市间的合理流动。十九大报告中提出"以城市群为主体构建大中小城市和小城镇协调发展的城镇格局"。我国改革开放以来城市化发展迅速，但是不同城市间发展不均衡，大城市发展迅猛，而中小城市和建制镇发展缓慢。尤其是进入 21 世纪以后，我国大城市在人口、建成区面积、经济发展速度等各方面都超过中小城市。这就造成我国城市体系的不合理，大城市规模和数量过多，占用大量资源，而中小城市由于资源不足而发展缓慢。现有的制度和体制，造成生产要素和资源向大城市集中，而城市间也没有建立合理的资源流动机制，于是大城市越来越大，发展速度远远超过中小城市。这种不合理的城市体系，已经给我国带来很多经济、社会问题，如用地紧张、房价高涨、交通拥挤、环境破坏、文化荒漠等。

我国建设用地的使用制度也造成土地要素资源向大城市流动。在现有的体制下，建设用地指标在分配时已经优先考虑了大城市，而由于建设用地指标在分配过程中容易被大城市所截留，所以大城市占有更多土地资源，发展也越来越快，中小城市受到土地指标的约束而发展缓慢。这种建设用地制度在一定程度上造成我国大中小城市发展不均衡。

第六章　建设用地指标
交易的探索

中国城市发展以及城市面积的扩展需要城市建设用地指标，建设用地指标的产生主要在于我国对新增建设用地实行年度计划管理制度。随着我国城市化进程的加速，城市对于土地的需求越来越多。按照我国土地使用的规定，只有获得了建设用地指标，才可以将耕地转变为非农业用地，而且土地"农转非"的指标不能突破国家的计划指标额度。但是，国家每年下达的计划指标难以满足当前地方城市化发展的需要。因此，为了解决城市建设用地的"瓶颈"问题，各地纷纷开展多种探索，通过城乡建设用地增减挂钩、地票等方式来补充城市发展土地。

第一节　城乡建设用地增减挂钩

城市建设用地增加是城市化的一种表现，可以说城市化的推进是城市建设用地增加的根本原因（许学强等，1997）。而城市建设用地的增加带来了农村耕地资源的持续减少。因此，为了限制城市的快速扩张和膨胀，2004年国务院发布了《国务院关于深化改革严格土地管理的决定》（国发〔2004〕28号），该决定明确提出了城市建设用地增加与农村建设用地减少要相挂钩的政策。2005年10月国土资源部下发了《关于规范城镇建设用地增加与农村建设用地减少相挂钩试点工作的意见》，同意在天津、浙江等省份进行城乡建设用地挂钩的试点工作。

"城乡建设用地挂钩"政策的提出，不仅仅是为了缓解城市建设用地紧张的问题，保证耕地总量的动态平衡，还是为了促进农村经济的发展，缩小城乡间收入差距，实现城乡统筹、和谐发展。

《城乡建设用地增减挂钩试点管理办法》对"城乡建设用地增减挂钩"定义为：依据土地利用总体规划，将若干拟整理复垦为耕地的农村建设用地地块（拆旧地块）和拟用于城镇建设的地块（建新地块）等面积共同组成建新拆旧项目区（以下简称"项目区"），通过建新拆旧和土地整理复垦等措施，在保证项目区内各类土地面积平衡的基础上，最终实现增加耕地有效面积，提高耕地质量，节约集约利用建设用地，城乡用地布局更合理的目标。通过以上定义可以看出，"城乡建设用地增减挂钩"就是在保证耕地数量的前提下，通过城市与乡村之间建设用地的置换，增加城市建设用地面积。这是在我国《土地管理法》规定农村集体土地不允许流转的基础上做出的很大的改革和尝试。总体来看，"挂钩"政策的出台不仅能够缓解我国城市建设用地供求矛盾，保证我国耕地总量的动态平衡，也能够有效提高农村居民的收入，实现城乡统筹、协调发展。

一 政策演变

我国实行土地用途管制制度。使用土地的单位和个人被要求按照土地利用总体规划确定的用途使用土地。规划控制一个地区的建设用地总量，同时限制农用地转为建设用地。但是城市要发展，就需要先建设占用耕地。一些地方的实践者提出，能不能先占用耕地从事城市建设，同时拆除农村闲散的建设用地，只要建设用地的总面积不超过规划控制的总量，空间的位置移动并没有违法。

最早有所突破的，是在小城镇试点中批准的新增建设用地占用耕地的周转指标。在小城镇建设中，为了重新进行空间布局，促进人口的集聚，要先建设新房，将人口转移集中后，才能拆除旧房。但是，在旧房尚未复垦为耕地时，建新房就要占用耕地，结果超过了建设用地控制的总量该怎么办？为解决这个问题，国土资源部门授予建设用地指标复垦周转指标。项目到期时，要通过复垦耕地来归还这些指标。

2000年6月，国务院出台《中共中央　国务院关于促进小城镇健康发展的若干意见》（中发〔2000〕11号），提出"对以迁村并点和土地整理等方式进行小城镇建设的，可在建设用地计划中予以适当支持"，"要严格限制分散建房的宅基地审批，鼓励农民进镇购房或按规划集中建房，节约的宅基地可用于小城镇建设用地"。

其后，为贯彻这一政策，国土资源部出台《关于加强土地管理促进小城镇健康发展的通知》（国土资发〔2000〕337号），第一次明确提出建设用地周转指标主要通过"农村居民点向中心村和集镇集中"、"乡镇企业向工业小区集中和村庄整理等途径解决"，对县、乡级土地利用总体规划和城镇建设规划已经依法批准的试点的小城镇，可以给予一定数量的新增建设用地占用耕地的周转指标，用于实施建新拆旧，促进建设用地的集中。周转指标由省级国土资源部门单列，坚持"总量控制，封闭运行，台账管理，统计单列，年度检查，到期归还"。

2000年，国土资源部还出台《关于加强耕地保护促进经济发展若干政策实施的通知》（国土资发〔2000〕408号），提出"有条件地实行建设用地指标周转，推进国家和省级试点小城镇建设"，"为妥善解决小城镇建新拆旧过程中的建设用地指标问题，……对国家和省级试点小城镇，单列编报下达一定数量的建设占用耕地周转指标。小城镇建设建新拆旧完成后，经复核认定的复垦成耕地的面积必须大于建设占用耕地的面积"。

2004年，国土资源部出台《关于加强农村宅基地管理的意见》（国土资发〔2004〕234号），提出"县市和乡（镇）要根据土地利用总体规划，结合实施小城镇发展战略与'村村通'工程，科学制定和实施村庄改造，归并村庄整治计划，积极推进农村建设用地整治，提高城镇化水平和城镇土地集约利用水平，努力节约使用集体建设用地……"该文件明确提出通过村庄整治控制集体建设用地总量。

也是在2004年，增减挂钩政策正式出台。国务院出台《关于深化改革严格土地管理的决定》（国发〔2004〕28号），提出"鼓励农村建设用地整治，城镇建设用地增加要与农村建设用地减少相挂钩"。2005年，国土资源部出台207号文，正式形成"挂钩项目区"的概念。

2006年4月，山东、天津、江苏、湖北、四川五省份被国土资源部列为城乡建设用地增减挂钩第一批试点。国土资源部2008年6月颁布了《城乡建设用地增减挂钩管理办法》，2008年、2009年又分别批准了19个省份加入增减挂钩试点。试点项目区直接由国土资源部批准和管理。

自2009年起，国土资源部改变批准和管理方式，将挂钩周转指标纳入年度土地利用计划管理，国土资源部负责确定挂钩周转指标总规模及指标的分解下达，有关省份负责试点项目区的批准和管理。

与此同时，成都和重庆开展了指标交易的试点。指标交易来源于增减挂钩项目，但与增减挂钩项目拆旧区与建新区一一对应的方式不同，是将拆旧区复垦出来的建设用地指标在公开平台上集中交易，从而提高指标使用的效率。重庆市于2008年12月成立了农村土地交易所，同年12月4日，首张地票成功拍卖。

2009年1月，国务院发布《关于推进重庆市统筹城乡改革和发展的若干意见》（国发〔2009〕3号），明确"设立重庆农村土地交易所，开展土地实物交易和指标交易试验（地票交易），逐步建立城乡统一的建设用地市场，通过统一有形的土地市场、以公开规范的方式转让土地使用权，率先探索完善配套政策法规"。截至2015年12月底，重庆已累计交易地票17.29万亩、345.66亿元；地票质押8354亩，金额12.23亿元；地票使用11.7万亩。

2008年10月，成都市成立成都农村产权交易所。2010年12月17日，成都举行首轮地票竞买会，公开交易2000亩城市建设用地指标。同年，成都出台《成都市人民政府办公厅转发市国土局等部门关于完善土地交易制度促进农村土地综合整治和农房建设工作实施意见（试行）的通知》（成办发〔2010〕59号），明确土地综合整治的市场化运作："农民集体和农户可在整治项目立项批准后，持立项批复，到农交所挂牌，寻求投资者；也可以其他方式自行寻找投资者。各类投资者均可投资开展农村土地综合整治，获取指标。取得的指标，可以自用，也可以到农交所公开交易。"至今，成都已通过农交所成交建设用地指标600多宗、3.58万亩，成交金额100多亿元。

截至2015年底，成都市已批复566个城乡建设用地增减挂钩项目，规划整理面积32.03万亩，累计投入项目资金480亿元，实施完成300余个挂钩项目，复垦面积15.20万亩，64.7万户近200万农民生活居住条件得到改善。最终，实现了8万多亩节余建设用地指标的挂钩使用，这些指标面积相当于2014年成都市辖区建成区面积的8.8%。

其后，指标交易的范围逐渐扩大，并被用于支持脱贫攻坚。2015年，四川省出台《关于优化城乡建设用地增减挂钩试点改革的意见》，允许包括秦巴山区、乌蒙山区等在内的共计45个县（区），在优先保障其范围内农民安置和生产发展用地的前提下，可将部分节余指标在省域范围内挂钩使用。2016年以来，成都市先后认购了巴中市、广元市苍溪县、雷波县等贫困地区的增减挂钩节余指标共6880亩，总金额20.3亿元。

2017年5月，成都市分别与广安等5个市（州）签署对接土地政策支持脱贫攻坚合作协议。按照协议，成都将购买五地贫困地区城乡建设用地增减挂钩节余指标1万亩，交易总金额29.5亿元。对成都来说，拓展了用地空间；对贫困地区来说，释放了土地活力，为脱贫攻坚提供了资金保障。

至此，增减挂钩已从原来的小城镇开发和定点置换，逐渐发展至指标交易的市场化运作，并成为扶贫攻坚的有力抓手。

二　具体实践

从近几年城乡建设用地增减挂钩政策的执行效果来看，该政策已经取得了很大成就。部分地区针对"城乡建设用地增减挂钩"开展的积极尝试和改革，取得了不错的成果。

（一）天津"宅基地换房"实践

天津市从 2005 年开始进行"城乡建设用地增加挂钩"试点工作，并于 2006 年被确定为全国第一批试点地区。天津市的试点工作主要是按照统筹城乡的发展思路，在不减少耕地的前提下，实行"以宅基地换房"，来推进农村居住社区、工业园区和农业产业园区统筹联动发展。

"以宅基地换房"是指在国家相关法律法规之内，在坚持承包责任制不变、保证耕地数量和农民自愿的原则下，将农民现有宅基地按照标准无偿换为新型小城镇或中心村住宅，实现农民的城镇化；同时将农民原有宅基地和其他集体建设用地统一整理复垦，置换的建设用地指标用于建设居民安置点，富余指标作为城市建设用地。在宅基地换房的过程中，天津市坚持以政府领导和市场化运作相结合的思路，通过政府的规划和引导，在居民搬迁和土地整理复垦中引入市场机制。2005 年天津市第一批试点实现周转指标用地总规模为 827.3 公顷，实现耕地净增加 150 公顷，有效保证了城市建设用地规模的增加，维护了耕地数量。2009 年天津市政府颁布了《天津市以宅基地换房建设示范小城镇管理办法》，将"宅基地换房"的实践政策化，并进行多方面的规范。

（二）浙江省嘉兴市"两分两换"实践

浙江省嘉兴市以"两分两换"的方式实现了对农村宅基地的整理，并以此实现了集体建设用地的流转和可持续经营。其中，"两分"是将农村的宅基地与土地承包权分开，把农民搬迁与土地流转分开；"两换"是农民用土地承包权换取股份、租金和社会保障，从而推进集约经营和规模经营，转变农业生产方式，实现农民居住区的集中化、城市化，转变农民的生活方式。

在宅基地的置换中，主要采取三种方法：一是农民将原有宅基地和房屋作价出售或换取货币补贴，然后到城市购买新的住房；二是将农民搬迁到统一的安置区；三是积极引导农民按照城乡规划，自主、逐步向城市转移，实现居住的集中。通过宅基地的置换，嘉兴实现了农村居民的集中居住和部分农村的城市化，节省出大量建设用地用于复垦，既增加了耕地的数量和质量，又能够为城市建设增加充足的建设用地指标。

嘉兴市的城乡土地增减挂钩工作对农村宅基地的整理，是以政府为主导、各部门共同推进、覆盖试点单位全区域的置换，政府的组织和管理是强有力的保障。政府部门运用城乡建设用地增减挂钩政策，获取相关周转指标用于安置搬迁和获得启动资金，然后成立专业投资公司具体负责农民的安置和将获得的集体建设用地复垦，复垦增加的耕地指标用来增加建设用地指标，整个过程都是通过政府财政担保，以置换得出的新增建设用地资金向银行融资获取首期搬迁资金。

嘉兴市的"两分两换"工作有力地推进了城镇协调发展和城市化进程，但是也存在一定问题。嘉兴市的模式是一种完全的政府主导模式，仅适用于经济发达地区。政府要有足够的财力保证置换工作的启动和运营，而且政府资金的收回要依靠建设用地指标的出让，这需要一定的时间，具有一定的风险。

（三）成都市郫县唐元镇——第一个增减挂钩项目

郫县唐元镇长林村是第一个由国土资源部批准的增减挂钩项目。唐元镇长林村（项目拆旧地块）位于成都市郫县唐元镇城镇北面，全村面积 2294 亩，辖 8 个社，39 个农村院落，411 户，1428 人。在项目实施前，这里的人均建设用地 255 平方米，建设用地占全村土地总面积的24%。通过整理，人均建设用地面积减少为 79.4 平方米，净增加 263 亩耕地。

长林村在符合土地利用总体规划的前提下，编制增减挂钩专项规划。对项目拆旧区利用不合理、不充分、闲置的农村道路、农田水利设施等农用地，破旧、分散的农村院落，废弃的独立工矿等建设用地整理为耕地，并等量归还建新区的周转指标，从而实现城镇建设用地增加与农村建设用地减少相挂钩。项目建新区取得的土地收益主要用于拆旧区的土地整理和新村庄建设。

全村统一规划三个集中安居点，规划面积 171 亩，总建筑面积 62283 平方米，平均容积率 0.55。集中安置建房 408 户，统建成本 405 元/平方米，其中 300 元/平方米由农户从其拆旧补贴中抵扣，不足部分由农户自筹，超出 300 元/平方米的部分由政府补贴。

项目共申请 375.26 亩挂钩周转指标，农村拆旧区建新居共使用 112.26 亩，为城镇建新区的犀浦镇、友爱镇提供了 263 亩建设用地指标。农村拆旧区总计花费 5500 万元，以其提供的建设用地指标算，合每亩 20 万元。包括旧房拆除补贴、集中居住配套设施建设、水工建筑整治、土地复垦。城镇建新区总计花费 8000 多万元，合每亩 40 万元，包括拆除旧房补贴、土地补偿费、安置补偿费、青苗及地上附着物赔偿。城镇建新区的 263 亩耕地，在取得挂钩指标后，以每亩 420 万元的价格拍卖，总价款 11 亿元。土地拍卖总价款中上缴重要财政 1.2 亿元税收，另交 25% 的土地出让金计 2.75 亿元，5% 的耕地保护基金 5500 万元，10% 的社保住房基金 1.1 亿元，税费总计 5.6 亿元。以净新增耕地面积计算，郫县唐元镇长林村共从城市土地增值收益中分享到亩均 20 万元的收入。

增减挂钩与指标交易制度还被广泛地运用于汶川地震灾后重建工作。为了在较短时间内完成灾后农户房屋的重建，成都市出台"鼓励社会资金参与灾后重建"的政策规定。2010 年，都江堰市天马镇金陵村二组在灾后重建中节余 110 亩建设用地。其中，76 亩以建设用地指标的方式以每亩 15 万元的价格流转给都江堰市国土资源部门；34 亩实物土地被放到成都农村产权交易所挂牌出让，以每亩 44.2 万元的价格出让 40 年使用权给一家公司，扣除税费后的总收入达 1300 余万元。这些通过土地流转获得的资金不仅可供完成土地复垦、农村新社区建设等灾后重建和土地整理，而且还有剩余。这一案例清楚说明，通过增减挂钩和指标交易，能极大地为偏远农村地区进行村庄重建提供资金支持。农民自主整理建设用地之后，通过产权交易公共平台公开出让建设用地，能够获得的对价远高于传统挂钩项目中政府的建设用地指标收购价

（15 万元/亩）。增减挂钩与集体土地就地入市结合，比以政府为主导的增减挂钩，能为农民带来更高的收入。

农民自发整理土地，通过指标交易为村庄建设郫县古城镇的指路村，探索出一条以"自我筹资"为重要特点的土地整理"五自模式"。所谓"五自模式"指的是完全以村民为主体，村民自己出资、自己建设、自己整理土地、自己单独或者引进投资企业发展产业、自负盈亏，风险共担的土地综合整治新模式。目前，已建成入住一期 1.3 万平方米的"小规模、组团式、生态化"新农村聚居点。金堂县竹篙镇利用土地综合整治节约的集体建设用地，采取"参股合作"方式引进社会资金建设农产品精深加工园区，已建成一期 4.3 万平方米标准化厂房，引进入驻企业 3 家，完成投资 1.22 亿元。

指标交易政策的实施，鼓励了社会资金投入农村从事开发建设，发展复兴乡村。青白江区福洪镇由和盛公司与村委会和农民签协议，开展土地整治、土地流转和搬迁安置。在此基础上，和盛公司投入小城镇开发建设，从事基础设施建设、规划，以及招商运营。通过增减挂钩获得的指标，确定规划条件后，部分指标留在福洪镇，通过农交所获得集体建设用地使用权，并出让用于工业园区的建设；部分指标则通过农交所，以每亩 30 万元的价格回笼资金。从 2010 年至今，该项目已建设了占地 300 亩的新城镇，9 万平方米的农民住宅，配套 4.8 万平方米的商铺，1 万平方米的农民生产用房，以及 1000 亩的玫瑰园。规划了 400 亩的产业用地，引进 17 家小微企业，解决 500 多人就业问题。在农村凋敝、大量资金向城市聚集、农村缺少资金和产业的情况下，福洪镇依托指标交易所开展的乡村城镇开发，有效地调动了城市资金下乡反哺农村，为城镇建设提供了资金。

（四）小结

总之，"城乡建设用地增减挂钩"这一政策，能够通过城市和农村地区建设用地的空间置换，盘活城乡建设用地的存量，实现建设用地指标的城乡之间良性流动。既拓展了城市建设用地的供地渠道，缓解了城市快速发展中空间不足的压力；又可以通过农村土地的整理，实现农村土地资源的合理配置，提高农村集体建设用地的使用效率，以及解决土地闲置和浪费问题，进而能够推动农村土地的资本化，为农村注入资本和活力。

第二节　建设用地指标市场交易

城乡建设用地增减挂钩等探索在全国的试点和逐渐推广，已经取得了很大成效，部分地区的试点工作已经能够为城市发展提供大量建设用地，已经初步建立了城乡之间建设用地交易的潜在或隐性市场。但是，这种市场还是隐性的，并没有形成真正意义上的建设用地交易市场，同时交易的对象都是建设用地，属于实物性质，不便于指标的流转。因此，浙江、江苏、山东、四川等地对于诸多方式取得新增建设用地指标进行了市场化流转的初步探索与尝试。

一　指标市场交易的探索

（一）成都市——搭建产权交易平台

2007 年，成都被列为国家级城乡统筹试验区，承担了开展城乡统筹试验的任务。统筹城乡改革的目的是调动城市的资源来反哺农村，以城带乡，以工促农，发展乡村。城乡统筹的抓手，是通过赋予农民更多、更充足的财产权利，推动城乡要素的自由流动与平等交换，为乡村提供产业、资金、人才。当财产权利和生产要素的交易数量和范围不断扩大时，就急需一个公开、合法、规范的交易平台，制定价格，降低交易成本，为农民提供信任保障，从而实现规模更大的交易的潜在收益。

2008 年 10 月 13 日，成都农村产权交易所（以下简称"农交所"）挂牌成立，是全国首家区域性农村产权流转综合服务平台。农交所在建设用地指标、集体建设用地、农村土地综合整治及多项农村产权服务中探索全新的服务模式，建立配套完善的交易制度和规则，通过信息集成、要素集成、服务集成，创新实践统筹城乡发展，以公开、公平、公正的阳光服务助推"三农"发展。2014 年底，农交所完成股权划转，由成都投控集团和成都农发投公司持股，注册资本金达 5000 万元，进一步完善了公司治理结构，在建立现代企业体制的道路上迈出了一大步。

2015 年 6 月，四川省人民政府办公厅印发《关于全省农村产权流转交易市场体系建设的指导意见》（川办发〔2015〕58 号），明确扩大提升成都农交所功能覆盖面，将其建设成为省级农村产权综合交易平台。把成都农交所的交易规则、交易模式、软件系统推广覆盖到全省，实现省、市、县交易平台联网共享交易系统，开展网上交易。依托成都农交所建立全省统一的交易信息发布中心，逐步建立全省统一的农村产权交易业务处理中心（数据中心），突破地域限制，提高交易效率，节约交易成本，实现信息共享。

目前，成都农交所交易品种已涵盖了建设用地指标、耕地占补平衡指标、集体建设用地使用权、农村承包土地经营权、林权、集体经济组织股权、农房租赁等。2015 年 9 月，成都农交所与成都农商银行签署了战略合作备忘录，在完善交易鉴证制度、开展资产处置业务、推动农村产权经纪人队伍建设、推动农村产权交易体系建设、推动农村产权融资等方面深入合作，努力实现以交易促进融资，以融资促进交易，促进交易与融资的有机结合。

截至 2015 年 11 月，成都农交所及其分所共成交各类农村产权交易12612 宗、成交金额累计 453.9268 亿元。其中，土地承包经营权交易10359 宗，交易金额 216.85 亿元；林权交易 917 宗，交易金额 18.0567亿元；集体建设用地使用权交易 110 宗，交易金额 8.5275 亿元；建设用地指标交易 1086 宗，交易金额 161.0437 亿元；耕地占补平衡指标交易 76 宗，交易金额 9.4834 亿元；农村土地综合整治项目交易 18 宗，交易金额 12.5130 亿元。

经济学家周其仁对成都市农村土地产权制度改革进行了充分肯定，

认为这是一种制度性变革。总体来看，成都市农村土地产权制度改革的核心是确立农民的土地房屋转让权，本质是通过确权来实现土地资源的合理配置，进而起到提高农民收入，加速农村资源流转、积聚和集中，加快城市化的作用。

（二）重庆市——"地票"

1. 地票的概念

所谓"地票"是指将闲置的农村宅基地及其附属设施用地、乡镇企业用地、农村公共设施和农村公益事业用地等农村集体建设用地进行复垦变成耕地，经由土地管理部门严格验收后腾出的建设用地指标，由市国土房管部门发给等量面积建设用地指标凭证，并在土地交易所进行交易。这个凭证就称为"地票"。

2008 年 12 月 4 日，重庆市建立了重庆农村土地交易所，并进行了首次地票交易会。截至 2015 年底，重庆市累计交易地票 16.58 万亩、332.42 亿元；累计质押地票 8354 亩、贷款 12.23 亿元；累计落地使用11.54 万亩。成交均价稳定在 20 万元/亩左右。

2. 地票制度的形成

2007 年，国务院批准重庆（农用地、商住地、工业地）为统筹城乡综合配套改革试验区。试验区的设立为重庆提供了前所未有的发展机遇。

2008 年 2 月出台的《国务院关于推进重庆市统筹城乡改革和发展的若干意见》正式批准重庆建立统筹城乡的土地利用制度，在确保基本农田总量不减少、用途不改变、质量有提高的基础上，稳步开展城乡建设用地增减挂钩试点。

以国土资源部《城乡建设用地增减挂钩试点管理办法》为基础，2008 年 11 月 17 日，重庆市人民政府第 22 次常务会议通过了《重庆市农村土地交易所管理暂行办法》（以下简称《暂行办法》）。

2008 年 12 月 4 日，重庆农村土地交易所挂牌，该交易所以"地票"作为主要交易标的，中国的地票交易制度就此诞生，它是在国家城乡统筹战略下，率先探索完善农村土地管理制度的改革工具。

3. 地票的运行程序

重庆市的地票制度在操作上有以下几个流程。

（1）规划布局。《暂行办法》规定：市国土资源行政主管部门依据土地利用总体规划、城镇规划，编制城乡建设用地挂钩专项规划，确定挂钩的规模和布局，经市人民政府批准后实施。

（2）立项申请。经村集体2/3成员或2/3成员代表同意，闲置的农村宅基地及其附属设施用地、乡镇企业用地、农村公共设施和公益事业用地等农村集体建设用地可以成为立项申请的标的，区县土地行政管理部门同意后，可以组织复垦。

（3）验收。村集体或村民复垦土地经土地管理部门严格验收后，腾出建设用地指标，并由市土地行政主管部门向土地使用权人发给相应面积的地票。

（4）地票交易价格确定。在综合考虑开垦费、新增建设用地土地有偿使用费等因素的基础上，市土地行政主管部门制定全市统一的城乡建设用地挂钩指标交易基准价格，供交易双方参考。

（5）土地交易所交易。重庆市农村土地交易所是开展地票交易的固定场所。所有法人和具有独立民事能力的自然人，均可通过公开竞价购买地票。地票交易总量实行计划调控，原则上不超过当年国家下达的新增建设用地计划的10%。

（6）地票交易收益分配。地票价款扣除必要成本（少量税费）后，按15∶85的比例分配给集体经济组织和农户。耕地、林地的承包经营权交易收益，全部归农民家庭所有。农村集体经济组织获得的土地收益主要用于农民社会保障和新农村建设等。

（7）地票兑现。地票作为城市建设用地指标凭证，在城镇使用时可以纳入新增建设用地计划，增加等量城镇建设用地，并在落地时冲抵新增建设用地土地有偿使用费和耕地开垦费，在符合土地利用总体规划和城乡总体规划的前提下，办理征收转用手续，完成对农民的补偿安置，征为国有土地后，通过"招、拍、挂"等法定程序，取得城市土地使用权。

4. 地票制度的作用和功能

第一，有利于节约利用土地。重庆农村闲置建设用地复垦后，95%以上的面积可转变为耕地，而地票使用所占耕地仅占63%左右，地票落地后平均可节余32%的耕地。

第二，打通了城乡建设用地市场化配置的渠道。城乡建设用地指标通过远距离、大范围的空间置换，市场的价值发现功能发挥作用，抹平了城乡建设用地的价值差异，边远地区农村零星分散集体建设用地的资产价值显现出来，"千里之外"的农民分享到了大都市工业化、城镇化的红利。

第三，开辟了反哺"三农"的新渠道。复垦宅基地生成的地票，扣除必要成本后，价款按15:85的比例分配给集体经济组织和农户。这一制度安排，增加了农民收入渠道、推进了新农村建设、缓解了"三农"融资难题。一是增加了农民收入渠道。重庆农村户均宅基地0.7亩，通过地票交易，农户一次性能获得10万元左右的净收益。复垦形成的耕地归集体所有，仍交由农民耕种，每年也有上千元的收入。二是推进新农村建设。近几年，重庆能够完成数十万户农村危旧房改造和高山生态移民扶贫搬迁工作，就得益于此。三是缓解"三农"融资难题。地票作为有价证券，还可用作融资质押物，并为农房贷款的资产抵押评估提供现实参照。截至目前，重庆办理农村集体建设用地复垦项目收益权质押贷款118.79亿元，四年增长了20多倍。

第四，推动了农业转移人口融入城市。近年来，重庆累计有409万农民转户进城，其中相当一部分自愿提出退出宅基地，成为地票的重要来源。农民每户10万元左右的地票收益，相当于进城农民工的"安家费"。有了这笔钱，他们的养老、住房、医疗、子女教育及家具购置等问题，都能得到很好的解决。

第五，优化了国土空间开发格局。目前，重庆70%以上已交易的地票来源于渝东北、渝东南地区，而95%以上地票的使用落在了承担人口、产业集聚功能的主城及周边地区。这种资源配置，符合"产业跟着功能定位走、人口跟着产业走、建设用地跟着人口和产业走"的区域功能开发理念，有利于推进区域发展差异化、资源利用最优化和整体功能最大化。

5. 地票交易的优点

可见，地票交易的产生和发展对于我国当前城乡统筹发展和促进城市发展具有较强的现实意义。

第一，地票在本质上是一种跨区域的建设用地指标流转。

地票相比于城乡建设用地增减挂钩，已经实现了区域流转的扩大。国土资源部要求实行挂钩指标"总量控制、封闭运行"的原则，指标交易限制在地区内，区域间不允许交易和流转。之前在东部地区实行的建设用地指标的流转，基本上局限在以县、市为单位的局部范围之内，当然也有地区（浙江、安徽）开展了地区之间的建设用地指标流转，但是数量较少、范围也较窄。重庆的地票交易是在整个重庆地区展开的，不仅是全国第一个覆盖省级单位内部的建设用地指标交易，还实现了相对大范围的流转、远距离的置换，而且交易量较大，能为重庆市城市发展提供大量的建设用地。

第二，地票交易构建了一个完整的农村土地交易市场。相比于城乡建设用地增减挂钩，地票更具有可行性和便捷性。传统的城乡建设用地增减挂钩政策下的建设用地置换，需要地方政府在本辖区建设用地增加的同时开辟、复垦出新的耕地，或者与其他地方政府进行耕地指标和建设用地指标的置换或交易。由于缺少交易平台和市场，尽管"增减挂钩"多由上一级政府部门（省级）来引导，但是依旧会存在交易双方信息不对称、交易过程不顺畅等问题。而地票交易的可行性与便捷性主要体现在地票的交易有一个支持的平台。

此外，由于我国农村宅基地属于集体建设用地，国家《土地管理法》规定农村宅基地不能用于非农建设。地票交易不仅解决了农村宅基地不能用于非农建设的法律问题，而且通过市场激励机制实现了自由交易，对于解决我国农村宅基地空置等低效率使用问题、打破城镇发展普遍遭遇的土地资源瓶颈，具有较强的现实意义（王守军、杨洪明，2009）。

第三，地票交易能够有效解决土地要素的流动性和资本化的问题。地票交易是将农村闲置的建设用地作为土地生产要素进行流转和交易，通过交易能够将土地的价值充分发挥出来，也能够发挥土地的资本作用，为农民实现财富的增值。同时，地票交易能够通过市场机制运作实现农村闲置土地资源的有序流动和推出，既避免了土地资源的浪费，又实现了城市建设用地有比例地增加（吴义茂，2010）。

第四，地票具有土地金融的特性。重庆地票交易并不是"土地"的"票据化"，也不是"农村土地承包经营权"或"农村建设用地使用权"的"票据化"，而是"指标"的票据化（黄忠，2009）。这是我国第一次将建设指标作为一种可以流转的票据。地票交易被认为是最具突破性意义的创新。在这种制度下，土地复垦和用地地票交易基本取代了征地制度，土地从集体所有向国家所有转变的程序大为缩减，建设用地挂钩"地票"交易实质上是在集体建设用地流转的基础上又往前走了一步（陈沅，2009）。

而且，在重庆地票交易过程中，政府实际上扮演了土地金融中介的角色（陆铭，2010）。在整个地票交易操作的过程中，地票实际上发挥了融资的功能：第一，利用复垦和增加出来的建设用地指标从需要土地的企业手中获得以市场交易价格产生的资金；第二，将所筹集的资金一部分用于边远地区建设用地和宅基地的复垦工作；第三，使用所筹集的资金一部分补偿进城农民，为他们提供城市的户籍和公共服务、社会保障等。这种金融中介的功能如果能够推动建设用地指标的跨地区交易，不但能够推动新一轮城市化的加速发展，也能为下一轮金融业发展注入新的活力，也为我国土地资本和农村金融的发展开辟新的方向。

第五，地票能够更好地保护耕地。国土资源部要求实行"先占后补，占补平衡"，但由于在实际执行过程中一些地方政府存在弄虚作假行为，国土资源部门监管有限，耕地被占用为建设用地，但是补充的耕地达不到要求，会出现"占有余而补不足"的现象。地票交易将复垦和征用分离开来，成为土地交易市场的单方交易行为，并且地票的交易是先造地后用地，只有先把农村集体建设用地复垦为耕地，才能在土地交易市场进行交易，然后再在城市新增建设用地。这样能够确保耕地的数量和质量，相比于其他地区的建设用地指标流转效果更好。

二　重庆与成都模式的比较分析

（一）共同特征

重庆与成都指标交易的运行分为复垦、验收、交易、使用四个环节，具有共同的主要特征。

（1）确权颁证是指标交易的产权基础。确权颁证是成渝城乡统筹改革的基础工作。产权清晰是资产进入市场交易的先决条件。到 2011 底，重庆与成都已完成了新一轮农村土地房屋登记发证工作，做到集体土地所有权证、承包经营权证、集体林权证、宅基地使用权证和农村住房所有权证应发尽发。重庆核发"两证合一"的宅基地及农房证书 664 万本，其他建设用地使用权及房屋所有权证书 4.06 万本；成都累计发放各类权证 826.6 万本。重庆与成都通过开展全面清产核资和量化确权改革试点工作，为农村建设用地复垦及指标流转交易奠定了基础。

（2）探索形成农村建设用地复垦机制。在指标交易的早期，重庆与成都分别成立了农村土地综合整治中心，各区县相应配置整治机构和人员，并引入测绘、设计、监理、招标等中介机构，建立农村土地复垦整治工作队伍，完善复垦标准体系和工作流程，保障了复垦工作的顺利开展，强化了耕地保护机制。

（3）建立土地指标市场化交易运行机制。一是划分交易指标与计划指标的使用范围。明确年度计划指标主要保障基础性、公益性及工业项目等用地，新增经营性建设用地则由地票指标保障。二是公开组织交易。放开交易主体资格限制，农村集体经济组织、城乡法人、具有独立民生能力的自然人及其他组织，均可参与地票竞买。土地指标在公开的统一市场采取拍卖、挂牌等公开方式交易。三是推行市场化的交易结算和价款拨付。指标交易的价款在去除成本后，直接拨付给复垦宅基地的农户，从而避免了资金被截留、挪用的风险。

（4）完善农民权益保护机制。一是确立收益归农原则。指标交易扣除成本后的净收益全部归农民及其集体经济组织所有。二是明确农户与集体的收益分配办法。重庆地票交易的收益按农户与集体85∶15的比例分享收益。对农户分配的收益比例高于征地制度对农户的补偿。成都将指标价格定在每亩30万元，远高于指标交易的市场价格，为农民致富和农村发展提供了资金支持。三是结合实际确定农民参与分配的复垦面积。重庆将农民实际使用、二调图斑确认的附属设施用地纳入复垦范围，并将这部分复垦收益分配给农民。

（5）设定指标交易保护价。结合市场对价格的承受能力，重庆地票设立了最低保护价17.8万元/亩，其中农户所得不低于12万元/亩，集体所得不低于2.1万元/亩，地票复垦成本3.7万元。成都建设用地指标交易价格定在30万元/亩。最低保护价的设计，增加了农民收益，提高了农民参与复垦的积极性。

（二）差异比较

尽管成渝土地指标交易具有共同的主要特征，但在交易范围、复垦主体、指标落地、收益分配机制等方面存在明显的差异。通过对比这些差异，可以看出成渝不同机制各自存在的问题。

（1）交易范围不同。重庆地票可以在整个直辖市范围内跨区县交易，成都建设用地指标只能在县域范围内以增减挂钩项目区的形式进行土地"报征"。受增减挂钩政策的约束，成都指标交易在更大范围内有效配置土地资源、提高土地利用高效率，构建城市反哺农村的长效机制等方面的潜力没有得到充分释放。

（2）复垦主体不同。在指标交易的早期，重庆与成都分别依托农村土地综合整治中心负责复垦工作。伴随交易制度的完善，2011年，成都农村土地整治的模式由政府主导转变为由农民集体和农户自主实施，鼓励社会投资者参与，发挥了农民的主体作用和市场配置资源的基础性作用，调动了农民群众和社会资金参与土地综合整治的积极性。重庆地票依然依托于区县土地综合整治中心。整治中心在复垦完成后即通过银行借款提前为农户垫付价款，在地票交易后才归还银行贷款。伴随经济下行，地票需求走弱，归还银行贷款的周期可长达一年，这种方式增加了整治中心的压力，降低了整治中心的复垦意愿。

（3）指标落地方式不同。重庆地票采用征收转用与土地出让两种方式。征收转用，即地票持有人可以持地票申请符合两规的新增经营性建设用地征收和转用。土地出让，即达到供地条件后，国土部门按规定组织"招、拍、挂"，地票持有人和其他竞买者同等参与竞争，以"招、拍、挂"方式确定国有建设用地使用权人。地票价款计入土地成本。成都实行国有经营性建设用地使用权首次出让"持证准用"制度。成都市中心城区、二圈层区县的国有经营性建设用地（不含工业用地）使用权首次出让，竞得人须持有相应面积的建设用地指标，方可签订《国有建设用地使用权出让合同》；三圈层县（市）的国有经营性建设用地（不含工业用地）使用权首次出让，竞得人在签订《国有建设用地使用权出让合同》时，可按照市政府确定的建设用地指标当年最低保护价标准（近几年皆为 18 万/亩），缴纳竞买宗地相应面积的建设用地指标价款。通过"持证准用"制度，成都实现将城市开发中的部分收益反哺农村。而重庆地票交易制度对区县政府通过协议等方式将计划分配的用地指标给开发商使用的行为难以产生约束，这导致重庆地票在经济下行期需求减少。

（4）收益分配机制不同。重庆地票交易的收益按农户与集体 85：15 的比例分享收益。此外，重庆地票设立了最低保护价 17.8 万元/亩，其中农户所得不低于 12 万元/亩，集体所得不低于 2.1 万元/亩。成都建设用地指标"持证准用"的交易价格设定在 30 万/亩。对于农民集体自主实施整治项目的，节余建设用地指标的收益归农民集体和农户所有；农民集体委托社会投资者、政府土地整治专业机构实施整治项目的，节余建设用地指标的收益由双方按合同约定分享。成都指标交易设计了更灵活的收益分配机制，有利于农民集体、农民、社会投资者自发参与土地复垦；重庆设定了农户与集体的固定分成比例，有利于保护农民在地票交易中的收益。

三　小结

（一）取得效果

总体来看，当前各地围绕建设用地指标的流转交易开展的积极探索，确实产生了一定的成效，在一定程度上弥补了当前土地市场的失灵问题，缓解了土地供需的矛盾，并促进了城市经济的发展和区域经济的协调发展，主要表现在以下几个方面。

一是提高了土地资源的利用效益。通过市场交易，将土地资源调剂到最需要的地区和使用者手中，能够极大地提高土地资源的使用效率和利用效益。通过市场交易，土地的价格能够随着市场波动及时调整，一方面能够充分体现土地的市场价值，给予失地农民相对更多的土地增值收入；另一方面，能够通过提高土地投资的成本，促使投资者努力提高土地的利用效益。

二是实现土地集约使用。建设用地指标的流转，一方面，能够将土地资源集中到城市发展和经济发展最需要土地的地区，通过土地资源的聚集，充分发挥聚集效应和规模效应，实现土地价值最大化；另一方面，能够激发边远地区农民进行土地复垦和整理的积极性，极大地缓解耕地保护的压力，从而能够有效地保证耕地总量平衡和占补平衡制度的落实。

三是促进区域经济协调发展。通过自由流动，土地资源从落后地区流入发达地区，同时也带动了资金从发达地区流入落后地区，这样，发达地区取得了城市发展所需要的建设指标，落后地区也获得了一定的资金来源，以推进当地经济的发展。这样通过土地指标的交易市场化，促进区域间优势互补、互惠互利，从而能够实现区域经济的协调发展。

（二）存在问题

当然，也要看到，当前各地开展的相关方面的探索仍然存在一些问题和不足，还有待于进一步深化。

1."增减挂钩"尚未上升到法律层面

目前，我国"城乡建设用地增减挂钩"实施的基础是 2004 年国务院发布的《国务院关于深化改革严格土地管理的决定》（以下简称《决定》），这是国务院的行政性指令文件，还没有上升到法律层面，缺少法律的权威性。其中，很重要的是没有准确界定"挂钩"土地的土地所有权和使用权，目前的规定为我国集体土地所有权属于农村集体组织所有，村民只享有使用权，而在土地收益和增值收益的分配方面则没有相关的法律依据，这在一定程度上会导致农民利益被多级部门分割。

此外，《决定》中对于"挂钩"工作的部分具体细节进行了明确的规定，例如区域限制、参与主体、收益分配方式等，能在很大程度上保证挂钩工作的具体执行。但是，目前对于"挂钩"工作的监督管理还缺乏有效的考核和评价机制，没有相关法律的参与，也没有相关的评价机制，只是规定了"挂钩"工作由相关地方的国土资源部门和地方政府进行监督管理，但是没有建立监督管理的具体内容和机制，这就有可能会妨碍"挂钩"工作的顺利执行。

2.挂钩工作只限于地区内部，不能实现跨地区的增减挂钩

目前，我国"城乡建设用地增减挂钩"主要是在区域内部进行。这是因为国务院和国土资源部明确限制和禁止建设用地指标和耕地补偿指标的跨区域流动。国家的出发点是考虑到在实际执行过程中，很多地方出现违规、虚报数字等情况，骗取建设用地指标，而不进行耕地的复垦和改良，会导致全国耕地数量的下降；如果放开建设用地指标的区域间流动，那么集体建设用地复垦和耕地的改良工作，将会更难以得到有效的监督和管理，这会带来耕地更大面积的减少，危害国家

的粮食安全。

但是，将挂钩工作限制在区域内部进行，会产生一些问题。我国区域发展不平衡和资源分布不平衡的情况，同样存在于每一个省份内部，这也就意味着每个省份都有城市化发展较快的地区，也有城市化发展较为落后的地区。城市化发展较快的地区，对于耕地的占用较多，导致该区域可利用耕地资源和耕地候补资源不足，难以满足未来建设用地增加的需要，而城市化落后的地区往往具有较多的耕地资源和耕地可补充资源。所以在一个省份内部就出现城市发展和耕地资源的矛盾问题。当这一问题发生在一个省份内部时，可以通过省份之内的调节和平衡来得以调节，但是，这一问题也在全国范围内存在，还更加尖锐，我国东部地区城市发展水平较高，可用于开发的耕地资源和可补充资源不足，限制了东部地区城市建设用地指标的进一步增加，而西部地区往往具有较多的耕地资源和可补充资源。对于区域间建设用地指标的限制流动，就制约了我国土地资源的流动，也就制约了我国东部地区城市发展。

3. 在实际中没有解决好耕地数量减少和质量下降的问题

由于目前我国"城乡建设用地增减挂钩"工作的法律和监督管理机制不健全，对于挂钩工作的执行缺乏有效的评价机制，所以地方政府在具体执行中往往会忽视耕地的复垦和整理工作，从而导致耕地数量的减少和质量的下降。目前我国挂钩工作要求的是城市建设用地增加和农村建设用地复垦，但是对于这两项工作的先后顺序没有准确的规定，这就造成在实际执行中，地方政府会倾向于先进行城市建设用地的增加，后进行农村建设用地的复垦工作，或者两项工作同时进行。但是地方政府往往会重点进行城市建设用地的增加工作，而会忽略农村基地建设用地复垦和耕地质量改良问题，甚至部分地方政府会采用虚报数字、弄虚作假等方式来骗取城市建设用地指标的增加。

4. 农民的补偿机制和保障机制仍旧不健全

建设用地增减挂钩工作的目的，不仅仅是为了实现城市和农村地区建设用地的良性置换，提高土地使用效率，还是为了充分利用土地资源，提高农民的收入水平，实现城乡协调发展。因此，挂钩工作一定要认真考虑农民的利益。但是目前的挂钩工作对于农民利益依旧存在着忽视和不重视的现象。尤其是，部分地区为了得到建设用地，往往打着"新农村建设"的口号，对农村进行集体搬迁，导致农民"被上楼"。用行政性手段执行的农村集体搬迁工作，没有考虑到农民的实际生活状况，会损害农民的利益。

从实际情况来看，地方基层政府对于增减挂钩等方式比较热衷，希望通过一定途径将农村集体建设用地用于城市建设开发，但是在操作中农村的集体建设用地减少过多。从短期来看，这确实给农村带来了建设资金，提高了农村的村容村貌，但是从长期来看，给农村未来生产生活所保留的土地空间太少。例如，一些地方在整村推进的增减挂钩项目中，农民人均建设用地还不到100平方米，大大低于城市建设用地的现状，忽略了农村的现状和未来发展需要。

第七章　建立建设用地指标交易市场的政策建议

　　随着我国经济快速发展和城市化水平的快速提高，城市土地面积也快速扩张，为我国城市化水平的提高提供了有力的保障。但是由于我国现行的土地制度存在一定的缺陷，城市建设用地实行计划管理的体制造成建设用地指标的空间分布不均衡，土地没有实现资本化、市场化、全国化和流动性，导致我国土地资源（资本）不能实现城乡之间、区域之间合理流动，从而制约了我国整体城市化的发展。

　　根据我国实际国情以及各地区对于建设用地指标交易的试验情况，我国需要尽快建立城市建设用地指标流转机制，允许建设用地指标在区域间自由流动，从而实现土地要素的资本化、市场化、全国化和自由流动。建立建设用地指标的流转机制，可以实现以下几个方面的目的：第一，建设用地指标的区域间流转，可以实现土地资本的流动，从而充分实现土地的市场价值；第二，建设用地指标的区域间流转，可以实现建设用地指标在城市与农村之间的合理配置，实现土地集约利用，提高土地的使用效率；第三，建设用地指标流转可以带动农民进城，并且使农民真正"进城"，保障进城农民的市民权利和生活保障。

第一节　建设用地指标交易市场对我国的意义

一　加快我国城市化进程，加速人口城市化

城市化的一个重要方面就是人口由农村向城市转移。在我国目前城市化加速时期，人口的城市化是一个重要的任务。我国目前的城镇化率为 57.35%，距西方国家 70% 以上的城市化率还有一定的差距；根据预测，到 2022 年我国城镇化率将达到 62% 左右，城镇人口还将增加近5000 万；到 2030 年我国城镇化率将达到 70% 左右，城镇人口还会增长超过 1 亿。而且这不仅仅是人口的进城，还包括户籍、社会保障、福利、公共服务、公共设施等的投入，对于我国城市化是一个艰巨的挑战。

一方面，大量的城市提出的城市化目标需要有大量的人口，但是人口的增长是有限的，要想人口在短期内实现快速增加，吸引人口流动是必然的选择，而盲目的人口"被城市化"又是不可行的。因此，要既保证"被城市化"人群的生活能力和社会保障水平，又保证城市发展所必需的人口，通过人口和土地的挂钩来实现土地建设指标和人口指标向城市的流动，无疑应该是一个较为可行的办法。

另一方面，我国目前的城市发展中还存在一个很普遍的现象，2016年我国户籍城镇化率只有 41.2%，还有 2.23 亿人口在城镇就业和居住但是不能完全享受与市民同等的待遇，这些人生活在城市里，但是在城市没有住房和社会保障。这影响着我国城市化的质量，尤其是我国目前的几个大城市，如北京、上海、广州、深圳。如何能够使得这部分人逐渐、有步骤地实现本地化，又能保障这部分人群的生活水平和收入能力，是一个重要的问题。

目前我国学术界有一个误解，认为即便大量人口向大城市集中、向东部地区集中也无法提高农民的收入水平。但是这一点在实际中并不成

立，相反大量农村人口的存在才是我国农村居民收入难以提高的重要原因。提高农民收入水平需要提高农业生产规模和生产效率，这就需要必要的技术、资金支持和较高的城市化水平。因此，我国只有不断推进城市化，加速人口由农村向城市的转移，减少农村居民的数量，才能够实现农业生产规模经营，提高农业生产的效率水平。

因此，我国通过建设用地指标市场交易机制，能够在现阶段加速劳动力的流动和城市化的进程。

二　提高全国居民收入水平

经济学家普遍认为，我国未来经济增长主要依靠内需的增长，其中居民消费水平的提高则是内需增长的一个重要内容。目前，我国国内需求不高的主要障碍之一是农民的消费水平提高缓慢，收入上升较慢。为了提高农民的收入，应该加快城市化进程，加快农民向城市的转移，通过多项机制的配套，将农村劳动力转移到大城市和东部地区。这不仅利于我国经济发展和城市化水平的提高，还有利于农民收入的提高。

建设用地交易市场的构建，有助于加速城市化进程。将农民宅基地置换为城市建设用地指标，不仅可以解决入城农民的户籍问题、社会保障问题等，还可以使农民利用宅基地使用权获得土地收益，将其宅基地使用权充分资本化，转化为财富。这样就大大提高了这部分农民的收入和财富水平。

三　促进区域协调发展

建设用地指标市场交易机制的建立能够有效促进我国区域之间协调发展。

目前，我国存在较为严重的区域间发展不平衡现象。其中重要的原因之一是地方经济的存在。由于地方经济存在严重的分割，各地区各自为政，人为分割市场导致资本、技术、劳动力等资源不能够合理流动。

构建建设用地指标的交易市场，可以促进土地资源和土地资本在全国范围内流动，使各地区都在劳动力和土地资源的配置中受益。发达地区和大城市可以获得城市发展所需要的建设用地指标，进一步提升城市发展水平，同时能够利用土地空间促进产业结构调整和居民生活环境改善，在经济增长的同时这些地区可以获得更多的财政收入。同时，相对落后地区通过建设用地指标的交易可以获得相对较多的土地收益，可以分享发达地区和大城市的城市化增值收益。此外，建设用地指标的市场交易是一种资源在全国范围内的流动，这就需要国家通过财政补贴和财政转移支付进一步支持落后地区。

总之，建设用地指标市场交易机制的建立，可以使发达地区和落后地区、城市地区和农村地区都从中受益。

四　促进我国经济持续增长

建设用地指标市场交易机制的建立，有助于促进我国劳动力和土地资源实现跨地区流动，从而为我国经济持续增长提供新的动力。

长期以来，我国经济增长主要依赖投资和出口，但是，随着30多年投资的高速增长以及我国在劳动密集型产业方面优势的逐渐减弱，过去的经济增长方式将难以持续。而且，我国也将很快进入老龄化社会，人口增长带来的红利会减弱。这就需要寻找新的经济增长点。而城市化则是推动我国经济持续增长的一种新动力。第一，城市化的发展可以带来城市基础设施的扩张，也就是带来新的投资空间；第二，城市化的发展可以带动劳动力从农村转向城市，从而提高我国整体劳动生产率；第三，城市化的发展可以带动产业结构的调整，充分发挥城市对于资源配置、再配置的功能。

总之，建设用地指标市场交易制度的建立，可以调动劳动力、土地资源的跨区域流动，也能带来资本的跨区域流动，从而推动我国城市化和工业化的发展，提高城乡居民的收入水平。

五　更好地实现耕地保护

在我国，耕地保护是一个关系国家安全的重大事情。因此，在进行建设用地指标分配过程中，我国一直坚持对于耕地的保护政策。其中，我国一直坚持在增加建设用地的同时，要求各地进行耕地补偿，以维持全国耕地的水平；同时在建设用地改革试点过程中，也强调一定要坚持"全国城乡建设用地增加和耕地减少相挂钩"的政策，城市建设用地的增加一定要保证有同样数量和质量的耕地的增加。

但是，我国耕地数量呈下降趋势，耕地总量直逼18亿亩的红线。在全国范围内实行建设用地交易和耕地补偿的政策，有助于有效实现耕地保护的目标。一方面，全国范围内建设用地指标的交易，能够充分提高建设用地的使用效率，从而减少建设用地的数量，进而也就减少了对于耕地的占用；另一方面，全国范围内的建设用地指标交易可以将耕地保护的任务由发达地区转向落后地区，这样必然要求发达地区出让更多的资金用于耕地质量的改良。

第二节　建立我国建设用地指标交易的市场体系

一　原则

构建我国建设用地交易市场，根本目的是实现土地的资本化、构建完善的土地市场、实现土地资源在全国的自由流动，通过土地资源的流动推动和加速土地资本化的进程，从而加快我国城市化进程，推动经济发展。因此，在我国建立城市建设用地指标市场交易机制，一定要按照资本化、市场化、全国化和自由流动等原则来进行。

1. 资本化

土地的资本化是指要充分发挥土地资本的作用，推动土地资源充分合理流动，以实现土地资本的增值。土地资本化是推动我国经济发展的重要动力。可以说，"人口红利"推动了过去 30 多年我国经济的高速发展。未来我国经济的再次腾飞和城市化进程的加快需要充分利用土地资本化带来的红利。而且，我国一些地区已经充分意识到了土地资本的重要性。广东省提出了"三资融合"的建设模式，并且通过科技园区将土地资本、金融资本、产业资本融合在一起，以促进全省产业的转型。土地资本不仅可以推动产业结构的转型和升级，还可以推动城市化进程的加快。

因此，建立建设用地指标在全国范围内的市场交易体系，是推动土地资本化、市场化、全国化和自由流动的一个重要步骤。通过城市化进程中土地资源的自由流动来推动土地资本化，不仅可以借助城市化的机会来加快土地资本化的进程，还可以带动产业结构的转型和升级。

2. 市场化

土地的市场化是指土地资源的合理流动一定要以完善的市场体系为基础。当前，我国土地市场体系基本建立，已经可以通过国有土地市场来进行土地资源的配置，但是目前我国建设用地的市场还不是完全意义上的市场，还存在很多缺陷，集中表现为城乡土地市场的分割和建设用地指标的计划管理。城乡土地的不同所有制结构造成城乡土地市场的分割，造成城乡之间土地资源不能合理自由流动，从而就造成城乡之间土地使用效率低下；建设用地指标的计划管理，导致区域间建设用地指标分配不均衡，而且地区之间建设用地指标不能流动，加剧了区域之间建设用地资源的不合理。

因此，建立建设用地指标的交易市场体系，就要充分实现土地资源的市场化，通过市场资源来调动建设用地指标的合理流动和配置，从而实现建设用地使用效率最大化。

3. 全国化

土地的全国化是指土地资源要实现在全国范围内（包括区域之间和城乡之间）的合理流动。目前我国城乡之间土地所有制不同，造成城乡之间土地不能实现流动；我国城市建设用地指标管理制度，造成建设用地指标不能实现跨地区流转。城乡之间和地区之间的分割影响到我国土地资源在空间范围内的合理配置，影响到我国建设用地的使用效率，在一定程度上造成我国城乡间发展差距扩大、区域间发展差距扩大和城市体系的不合理。

因此，建立建设用地指标的市场交易机制，就要实现建设用地指标在全国范围内合理流动。

4. 流动性

流动性是指要充分实现建设用地指标在不同区域之间、城乡之间的合理、自由流动。

土地作为一种生产要素，其本身也具有资本的属性。资本只有流动起来，才能真正实现价值。因此，要充分发挥土地资本的作用，一定要让土地指标充分流动起来，只有实现了自由流动的土地指标，才能充分发挥其土地资本的作用。

若要我国建设用地指标市场的构建充分实现其目的，就要实现建设用地指标在全国范围内的流动，提高建设用地的使用效率，使其市场价格充分符合土地的真正价值，要保证建设用地指标的合理流动。

5. 土地指标流动要与人口流动结合起来

城市化是一个多层次的动态过程，尤其是在现阶段我国的城市化主要包括两个层面的内容：一方面是人口的城市化，另一方面是土地的城市化。我国城市扩张需要占用土地，而占用的土地主要是农村的土地，这就需要将集体土地上的农民转变为市民。因此，城市化过程中土地指标的流动与人口的流动应该是同时、同方向进行的。

但是，在我国目前的城市化进程中，城市土地的扩张规模要大于城市人口的增加规模。尤其是城市中大量农民工和半城市化人口的存在，导致农民离开土地或失去土地，却没有真正进城。而且，尽管我国2016 年在新型城镇化工作中也提出"人地挂钩"的办法，但是从实际情况来看，这一办法没有得到具体的落实。很多学者提出我国城市化要实现劳动力和土地指标的同方向流动，这样才能够真正实现城市化的目的（陆铭，2010）。也有学者认为留在城市中的部分人群，是进城农民中的优秀者，他们具有一定收入能力和生活技能，政府应该通过政策的鼓励使这些人真正实现城市化、市民化（严正，2004）。

因此，在这样的情况下，全国范围内建设用地指标交易市场的建立，有助于依托宅基地对进城农民进行户籍的置换和社会保障的覆盖，这不仅有利于这部分人群真正实现市民化，也有利于城市建设面积的扩大。

二 建设用地指标市场交易体系

构建全国范围内的建设用地指标市场交易体系，就是要通过建设用地指标的市场交易体系来进行跨地区交易，这样可以在全国范围内进行土地指标的流转。这不仅仅是将目前局部地区试点的建设用地指标交易、城乡建设用地增减挂钩、集体建设用地入市等经验推广到全国，还是对于建设用地指标详细内容和监督管理机制等的具体和完善。这不仅仅关系到城市发展所需要的建设用地指标的增加，还关系到对农民建设用地复垦为耕地的管理；不仅是城市发展的需要，也是加快农村经济发展和提高农村居民收入的需要。

全国范围内建设用地指标市场交易体系，是一个多方面、多层次、多内涵的改革事项，关系到我国未来一段时期内城市化发展的动力机制，关系到城市化发展中人口与土地指标的增加。因此，需要认真分析土地资本化和土地在空间经济中的作用，认真总结我国各地建设用地指标改革的经验，然后在此基础上构建我国全国范围内建设用地指标交易的市场机制。

（一）交易对象

全国范围内建设用地指标市场的交易对象主要是城市发展所需的建设用地指标。

目前，从我国实际情况来看，城市发展的建设用地指标主要包括两类。第一类是国家国土资源部门按照全国城乡土地利用总体规划进行分解的新增建设用地指标，这是一个建设用地指标的增量指标。第二类是在原有建设用地指标（主要是集体建设用地指标）的基础上进行复垦、整理等置换出来的指标，目前主要包括以下几种：对闲散土地整理增加的建设用地指标、对集体土地进行复垦增加的建设用地指标、通过其他方式进行土地置换增加的建设用地指标等。

从长远角度来考虑，建设用地指标的交易对象应该包括建设用地指标的增量和整理、挂钩增减指标。这样就相当于将建设用地指标作为一种商品，在全国范围内进行流动和交易，可以实现城市和经济发展对于土地指标的聚集与流动，就相当于将土地由不可流动资源变为可流动资源，这样就减弱了土地在城市空间聚集中的扩散力，从而有利于城市的加速聚集。同时，这也是土地资本化的一个重要方式，即通过土地的票据化来实现土地资源和土地发展权的市场交易，这样更能体现土地的市场价值。

但是，从目前来看，有必要对新增建设用地指标和整理、挂钩增减指标进行区别对待。目前的主要交易对象应该是整理、挂钩增减指标。

原因主要包括以下几个方面。第一，目前我国城市化还处于快速上升时期，从全国形势来看，绝大多数城市都处于扩张时期，如果放开建设用地指标的市场交易，就有可能使建设用地指标被大城市交易获得，而中小城市失去发展的空间。为了保证全国城市的统一发展，本着公平的角度，应该保证每一个城市都具有可供城市发展的新增建设用地指标。第二，目前我国建设用地市场还没有形成，各种制度和政策还不完备，难以对建设用地指标交易进行公平、合理的调节。总之，当前阶段下，本着公平的角度，应该禁止新增建设用地指标的市场交易，只允许建设用地的整理、挂钩增减指标进行跨地区的交易。

我国建设用地指标交易市场的构建，主要应该从集体建设用地入手，通过将闲置的农村宅基地、乡镇企业用地、农村公共设施和公益事业用地等复垦、整理为耕地后，再置换为城市建设用地指标，这就意味着建设用地指标的增加。然后各地可以将置换出来的建设用地指标投入市场进行交易，需要建设用地指标的城市就可以在市场上通过竞标等方式获得指标，而不需要在本地进行耕地的补偿和整理。

这样的交易机制可以将我国建设用地指标的增量与存量的使用方式和目标分离开：将国家下拨的新增建设用地指标用于基础设施、公共服务设施等建设，而将通过市场交易获得的整理、挂钩增减建设用地指标用于经营性建设。这样，既可以保证城市发展所需的基础设施建设用地，又可以通过提高经营性用地的成本来促使经营用地提高使用效率。

（二）交易平台

对于建设用地指标的市场交易机制，一定要构建一个完善的交易平台系统。

在中央，要建立国家级的建设用地指标交易平台，统一管理全国及各省份的建设用地指标交易，建立完善的建设用地指标交易管理条例或法规，规范交易行为，保证交易能够顺利进行；同时也要对全国建设用地置换、整理、复垦等情况进行统一登记和管理，以便于了解全国建设用地及耕地的准确数据；另外，还要对土地的整理、复垦情况进行监督和管理，确保复垦之后的耕地能够用于粮食生产，确保土地的质量和生产能力。

在地方，要构建省级交易平台。目前部分地区如重庆市、浙江省、安徽省都已经建立了省级土地交易平台，但是这些地区的交易平台难免具有地方的色彩，需要尽快根据国家的标准进行修改和升级；没有建立交易平台的省份要在全国交易平台的基础上，构建本区域的交易平台。地方交易平台的主要任务是：一是对本地区建设用地指标交易的基础数据和信息进行统计，二是升级交易平台要与国家交易平台进行网络连接，实现信息的全国共享和交易的信息化，三是统一管理本地区内部建设用地指标交易情况，四是对本区域内部耕地的复垦工作进行管理和监督，确保耕地复垦工作保质、保量、及时完成。

（三）交易主体

按照法律规定，建设用地指标的交易应该由出让人和受让人进行。

根据我国建设用地指标交易的具体形式应该进行以下规定。

出让人，应该以家庭户为单位。目前，我国建设用地指标交易的对象为农村集体建设用地，主要是宅基地的复垦与整理，而根据我国《土地管理法》的规定，宅基地的权利主体是家庭户。因此，在进行建设用地指标交易时，出让人应该为农民的家庭户。这样在进城农民置换出宅基地之后，可以以家庭户为单位，由城市解决其户籍和社会保障等问题。

受让人，应该为各级城市政府。因为需要土地的是城市政府，所以应该由城市的国土资源部门按照城市发展规划和土地需要在农村产权交易市场上购买所需要的建设用地指标。这样通过农民与城市政府之间的对话和交易，推动政府在建设用地指标交易过程中的工作进展。第一，由于建设用地指标交易要解决让出宅基地农民的户籍和社保等问题，农民与政府之间的直接对话，有利于推进这些问题的顺利解决。第二，在现有地方建设用地指标的交易中，企业从土地产权交易所获得了建设用地指标之后还要解决指标的落地问题，即由政府国土资源部门征地。而城市政府在农村产权交易市场上获得土地指标，然后根据相应数额征地，再进行招标和拍卖的方式，不仅减少了之前交易的过程和步骤，也很好地解决了建设用地指标的落地问题。第三，政府与农民之间的交易可以保证交易的公平性。例如"地票"交易规定受让方为"一切农村集体经济组织、法人或其他组织以及具有独立民事能力的自然人"，但是在实际竞标过程中，通常都是房地产开发商或大的工业企业，中小企业和普通居民无法参与竞争，这样就难免会产生不公平现象；由政府进行交易不仅可以确保交易的顺利进行，也可以按照规划进行土地拍卖，从而保证中小企业发展的土地空间。

（四）交易构成条件

根据我国各地建设用地指标交易的实践，可以制定我国全国范围内建设用地指标交易的条件。

第一，要有明确的农村建设用地的土地权属证明及相关条件。这是农村建设用地进行复垦和整理的必要前提。只有具有合法条件和证明的土地才能用于建设用地指标的交易。尤其是农民的宅基地，一定要具有合法的宅基地使用权限证明。这不仅关系到宅基地复垦，也关系到农民户籍和社保等问题，只有具有法律效益的土地才能用来进行复垦和户籍置换。如果将非法获取的宅基地用于建设用地指标交易，就会影响到建设用地指标交易的严肃性，也会导致非法、违规占用宅基地行为的发生。

第二，宅基地的出让人要具有其他稳定的住所和稳定的生活来源的证明。这一点并不是必需的，只是作为当前交易的一个限制条件，随着建设用地指标的逐步正规化，这一限制条件可以取消。建设用地指标置换是通过入城农民的宅基地与户籍、社保的置换为切入点的，所以就需要保证入城农民能够有稳定的收入来源和生活住所，其中稳定的住所可以是自己购买的城市住房，也可以是租用住房。这主要是从社会安定的角度来考虑。如果进城农民将自己的宅基地置换以后，没有其他生活住所和收入来源，会形成社会的不安定因素。但是随着建设用地指标交易市场的不断完善，这一限制条件可以逐步取消，因为：一是农民不会轻易将自己唯一的宅基地出让，这样会彻底失去最后的生活住所；二是这条规定明显具有歧视的色彩，以财产的多少来限制宅基地的交易，不利于公平的原则；三是随着我国保障房制度的建立和社会保障制度的完善，农民不会流离失所。

第三节　土地制度的创新

在建立全国建设用地市场交易体系之外，还需要针对建设用地相关的制度进行一系列的改革，并建立配套措施，这样才能够保证建设用地交易制度的顺利构建和建设用地指标的合理流动。

一　加强土地立法建设、构建城乡统一的土地制度

建立建设用地指标的市场流转体制，一定要首先从法律上保证土地

的权益。我国现行的土地所有制——国有土地所有制和集体土地所有制是两种平等的制度，宪法中也提出两种土地所有制实行长期并存的原则。但是在现实中，两种土地所有制是不平等的。国有土地和集体土地在权利、价格等方面的不平等就导致了两种所有制土地在流转过程中所采取的方式不一样，获得的收益不一样。集体所有制土地只有经过国家征收变成建设用地，才能成为国有土地；由于集体所有制土地不能流转，且集体所有制土地市场机制没有完全建立起来，所以集体所有制土地与实际价值脱节，集体土地价格过低。

因此，构建我国建设用地交易市场，一定要首先从法律层面上确保集体土地的地位，保证集体土地与国有土地具有一样的权利，赋予国有土地和集体土地"同地、同权、同价"，使两种所有制土地从根本上实现平等。

二　允许土地指标的跨地区流动

目前，我国《土地管理法》和其他政策都规定禁止土地指标的跨区域流转。这主要是从保护耕地的角度出发的，目前我国还缺乏对于耕地异地占补的协调机制，耕地异地占补政策经常出现"占有余而补不足"的情况，导致我国耕地数量不断下降。解决这一办法的根本在于建立区域之间建设用地与耕地占补的协调机制。

由于我国各地区之间城市化和工业化的发展速度不同，因此各地利用土地的效率和效益也不尽相同，加上土地自身质量差异等因素，所以各地区建设用地指标需求量存在较大差异。在经济落后地区，由于城市发展速度较慢，土地储备资源相对较为丰富，建设用地指标相对较为宽松；而在经济发达地区，由于城市化水平较高，城市扩张较快，城市周围土地储备资源相对较少，城市建设用地指标需求本身也较大，大量的建设用地指标仍然无法满足城市扩张的需要，从而形成较大的建设用地缺口。因此，在这样的背景下，必须借助于市场机制来调节我国不同地区之间建设用地指标的余缺，从而提高整体土地资源的利用效率。

限制土地指标的跨地区流转，是一种被动的、低效率的保护耕地的方法，而且在很大程度上还造成了土地使用的效率低下和浪费。如果能够建立有效的协调区域之间建设用地与耕地占补的机制，那么地区之间土地指标的流转是可行的。

三　新的方式和方法保护耕地、实行耕地补偿机制的跨地区流转

我国实行建设用地指标制度，除了要限制城市过快发展之外，还有一个非常重要的目的就是保护耕地和保证粮食安全。但是，随着城市化的不断发展，城市占用土地规模不断扩大，导致耕地数量不断下降。在建设用地指标制度之外，我国还建立了基本农田补偿机制，并且规定增加建设用地的地区需要按照国家统一分配的指标在本地补充相应数量的耕地，以保证全国耕地数量不会下降太快。但是这一政策的出台，也没有产生预期的效果。各地土地资源的差异，导致各地经济发展所占用耕地情况不同，各地内部耕地后备资源情况也不一致。由于目前我国耕地占补机制只能限制在县内、地区内、省内，跨省之间的补偿没有得到中央认可。因此，部分经济相对发达、耕地资源后备不足的地区，耕地占补往往完不成任务，导致城市进一步发展受阻。

因此，笔者建议出台基本农田跨地区置换的机制，制定相关原则、方式和补偿机制等，这既可以解决城市发展的用地需求，也有利于耕地保护，还能促进落后地区经济发展。

四　农民的利益补偿问题

由于我国城乡土地市场分治和城乡之间建设用地市场分割，集体土地与国有土地的权利和收益等存在不平等，农业用地被征用为建设用地变成国有土地的过程中价格过低。虽然这样保证了城市建设用地的发展，降低了企业的用地成本，但是对于失地农民的补偿过低，造成农村

土地资产流失和农民收入水平降低。这一问题也同样存在于农民宅基地流转中，如果城市政府和企业通过强制手段或者行政手段获取建设用地，而不能给予入城农民足够的补偿和保障，那么会加剧城乡间收入差距的扩大和社会的不公平。

土地对于农民的作用，很多学者在这方面有较为统一的认识。土地作为中国农民的一种保障手段，能为农民提供劳动对象和生活资料。陈锡文（2004）等都认为农村集体土地具有为农民提供农业生产资料和社会保障两大功能。那么，除了耕地之外，对于宅基地对农民的作用，也应该更加明晰。笔者建议，宅基地也有为农民提供生活保障这种功能。要解决农民的问题，不能完全靠补偿，还要给予农民自主处置土地的权利，让拥有土地使用权的农民和工业化或城市化过程中需求土地的企业直接按市场规则交易（林毅夫，2004）。因此，对于农村宅基地的商品化和资本化，一定要给予农民充分的自主权。即通过法律来确定农民对于宅基地的权属，使宅基地能够具有与城市房产土地一样的权限，这样才能够确保农民的宅基地可用于出租、转让、抵押等。

此外，我国农民还受到一种不公正的待遇。每年我国有大量的农民由农村流向大城市和发达地区，如果按照城市职工的标准，每年就应该为这些农民工缴纳各项社会保障费用大约4000亿元（陈锡文、楼培敏，2004）。但是，由于目前我国户籍制度的限制，在东部地区打工的农民工无法获得相关城市的户籍，也就得不到应有的社会保障。因此，原属于农民工的这部分资金就转化成为城市的建设资金、企业利润和当地居民的福利。因此，未来在我国农村体制、土地制度改革中一定要充分考虑到农民和农业对城市做出的贡献，如何让农民参与城市化的收益分享，如何让农民分享到城市化进程中的土地增值部分，将是一个重要的议题。通过构建建设用地市场交易机制，让进城农民利用其拥有宅基地的使用权来换取市民的身份，换取城市的社会保障，则是现阶段一个较为便捷的方式。

在我国目前各地实行的建设用地置换和流转中，对于农民的补偿方式通常有以下几种：提供新的住房、提供货币补偿、提供城市户籍和社会保障等。综合来看，几种方式都应该属于城市对于农民的补偿范围。

第四节　其他制度改革配套

一　户籍制度改革

户籍制度是我国国家行政管理的一个重要组成部分，是我国一项基本制度。我国的户籍制度对于我国社会管理具有很强的作用，能够起到稳定社会安定的作用；同时也可以为国民经济和社会发展提供准确的基础数据和资料。但是，长期以来我国城市分割的二元户籍制度，在很大程度上限制了城乡之间、区域之间人口的自由流动，给我国经济、社会发展带来很大的障碍。2014年，国务院印发实施了《关于进一步推进户籍制度改革的意见》，截至目前，全国所有省份都已经出台了户籍改革意见，建立了城乡统一的户口登记制度。但是，从实际执行情况来看，一些城市还存在"隐形门槛"和"玻璃门"问题，农民进城落户的限制还没有完全放开。因此，要进一步加大户籍制度改革力度，除超大城市之外完全放开城市落户限制，在外来人口较多的城市加快居住证的全覆盖，进一步提高居住证的含金量，让持有居住证的人口享有与本地人口同等的教育、医疗、养老、住房等公共服务。

二　财政体制改革

目前我国已经基本建立了符合国情的公共财政制度，提供了能够基本满足居民需要的公共服务和公共设施。但是，还存在着一些缺陷。

一方面，地方财力有限导致地方政府无法提供足够的基本公共服务。由于我国的公共服务基本上由地方政府提供，但是近些年来地方政府的财力增长往往落后于中央政府的增长，加上地方基础设施的大力投入，可用于公共服务的财力投入不足。另一方面，我国地区间基本公共服务还没有实现均等化。突出表现为东部地区居民的公共服务待遇要高于西部地区。其主要原因是发达地区存在聚集效应，导致落后地区劳动力资源流失，而随着土地和劳动力资源的流动，落后地区将没有足够的税收来支持当地公共服务的建设。这就要求对我国当前的财政体制和财政转移支付制度进行改革，对于落后地区要进一步增加财力的转移支付。

我国城市建设用地指标交易制度的建立，有助于我们依托建设用地流转使尚未落到实处的"人钱挂钩"政策真正得到落实。如对建设用地指标流入较多的地区在一定时期由中央政府给予较多的财政转移，以专项转移支付的方式来提供公共服务；新增耕地较多的地区要由中央政府给予较多的财政转移支付；对于接受农民入城较多的地区，要给予一定的财政支持。

此外，在建设用地指标交易机制中，通过配置建设用地指标给地方政府尤其是落后地区，就相当于给了落后地区一笔庞大的资产和资本。落后地区可以通过市场交易将富余的建设用地指标转让给更需要的发达地区，从而获得更多的土地出让收入，也就获得了相应的财政收入。这样就形成了以建设用地指标为依托的财政转移支付制度。

三　考核机制改革

当前我国对地方官员的考核机制主要是以经济增长和招商引资为主要指标，也就是所谓的"唯 GDP"论。这种政绩考核方式，主要出发点是激励地方政府大力发展当地经济。但它在一定程度上影响到地方政府官员发展经济的动力，也影响到土地资源在区域间的自由流动。而且会造成我国地方经济的人为分割，一些地方政府不愿意放弃自己所控制的资源。这不利于我国经济的长期稳定发展。因此，建设用地指标的跨地区流转会因此受阻。

而且，我国现在还存在一种很不合理的现象，内地劳动力流动到东部发达地区，为其经济发展做出巨大的贡献，但是，发达地区却没有为内地劳动力提供足够的公共服务和社会保障。这等于是内地的劳动力为东部的发展做出了贡献，却没有享受到应有的经济价值。这种现象的存在，不仅仅是因为东部地区城市财力不足，也是因为东部地区对于农民不够重视。而这在一定程度上与现行官员考核机制相关，现行考核机制没有将社会公平和劳动力转移考虑进去。政府应该尽力破解对于农民的歧视，给予农民正确的和合理的身份对待，这样才能有助于提高农民的待遇水平。

从有效推动劳动力和土地资源跨地区流动的角度出发，我国必须改革当前的政绩考核机制，对不同地区的官员采取不同的考核方法。对于经济发达地区，可以继续以经济总量增长为考核目标，同时要考虑对于社会公平和居民福利提高的改革；而对于经济落后地区，可以考虑以人均 GDP 或者人均收入为考核目标，同时也考虑生产效率水平的提高。这样，劳动力和土地资源的跨地区流动才能与不同地区的政府目标结合起来。

四 政府职能转变

政府职能在不同时期有着不同的任务和方向。政府职能的性质决定着资源流向与使用。在经济发展的早期，政府对于经济的直接参与功能较强，通过有计划地对资源的配置，能够起到加快资源流动、提高生产效率的作用。但是随着经济发展到一定水平，政府的职能要相应发生变化，从经济功能逐渐转向民生保障和服务功能。

土地是一种非常重要的资源，而土地在经济发展中的作用主要是通过土地资本化进行的。土地资本化在不同的时期和经济发展的不同阶段，有着不同的形式和功能。在经济发展早期，土地的资本化主要是通过政府强制征收土地将其转变为城市建设用地而实现的；而经济发展相对成熟以后，土地的资本化主要依靠市场的力量，通过市场对于土地资源的配置，来决定土地的用途及方向。因此，不同时期，关于土地的政策和法规也应该相应发生变化。

　　我国对于土地资本化的转变，要依照政府职能转变来进行。随着经济、社会的发展，政府职能应该逐渐转向对于经济发展的宏观调控和对民生的保障与服务，要不断减少对于经济活动的直接参与。其中对于土地的使用也会发生相应的变化。一方面，政府应该减少对于土地使用和交易的直接参与，而应该通过构建完善的土地市场、土地法律来保证土地交易的市场化、自由化，让市场在资源配置中发挥主导作用；并使得土地产权制度由以城市为中心，向城乡统筹转变。另一方面，将土地收益用于经济投资的部分逐步减少，而要更多地将土地增值收益用于民生建设和公共服务，从而真正实现政府职能向服务型转变，并形成多元化的城市公共投资体制。

参考文献

中文文献：

〔德〕马克思：《资本论（第一卷）》，人民出版社，1975。

〔德〕马克思、恩格斯：《马克思恩格斯全集》（第二十卷），人民出版社，1972。

〔美〕阿瑟·奥沙利文：《城市经济学》，苏晓燕、常荆莎、朱雅丽译，中信出版社，2004。

〔美〕K. J. 巴顿：《城市经济学：理论和政策》，上海社会科学院部门经济研究所城市经济研究室译，商务印书馆，1984。

〔美〕保罗·克鲁格曼：《"新经济地理学"究竟如何定位》，《牛津经济地理学手册》，http://web. cenet. org. cn/upfile/76755. pdf。

〔美〕保罗·克鲁格曼：《地理与贸易》，北京大学出版社，2002。

〔美〕保罗·克鲁格曼：《发展、地理学与经济理论》，蔡荣译，北京大学出版社，2000。

边学芳、吴群、刘玮娜：《城市化与中国城市土地利用结构的相关分析》，《资源科学》2005 年第 3 期，第 73～78 页。

蔡运龙：《中国农村转型与耕地保护机制》，《地理科学》2001 年第 1 期，第 1～6 页。

陈百明、杜红亮：《试论耕地占用与 GDP 增长的脱钩研究》，《资源科学》2006 年第 5 期，第 36～42 页。

陈家泽：《土地资本化的制度障碍与改革路径》，《财经科学》2008

年第 3 期。

陈金田：《关于我国农村宅基地使用权流转问题的若干思考》，《延安大学学报》（社会科学版）2008 年第 2 期。

陈锡文、楼培敏主编《中国城市化：农民、土地与城市发展》，中国经济出版社，2004，第 2 页。

陈业龙：《论农村宅基地使用权的流转》，《湖南公安高等专科学校学报》2008 年第 3 期，第 11 页。

陈甬军、陈爱民主编《中国城市化：实证分析与对策研究》，厦门大学出版社，2002。

陈玉和、孙作人：《加速城市化：中国"十二五"规划的重大战略抉择》，《中国软科学》2010 年第 7 期，第 16～22 页。

陈沅：《农村土地流转中交易客体的界定》，《产权导报》2009 年 4 月 16 日。

〔英〕大卫·李嘉图：《政治经济学及赋税原理》，丰俊功译，光明日报出版社，2009。

代合治：《中国城市规模分布类型及其形成机制研究》，《人文地理》2001 年第 5 期，第 40～57 页。

丁成日：《城市增长与对策——国际视角与中国发展》，高等教育出版社，2009。

丁成日：《美国土地开发权转让制度及其对中国耕地保护的启示》，《中国土地科学》2008 年第 3 期，第 74～80 页。

丁成日：《土地价值与城市增长》，《城市发展研究》2002 年第 6 期，第 48～53 页。

杜金龙、马学才：《县级土地利用总体规划中净增建设用地指标分解——以湖北省枣阳市为例》，《国土资源科技管理》2010 年第 4 期，第 99～103 页。

〔英〕菲利普·麦卡恩：《城市与区域经济学》，李寿德、蒋录全译，格致出版社、上海人民出版社，2010。

傅鼎生：《集体土地使用权流转之争——中国物权立法热点问题研

究综述》，http：www. sls. org. cn，2007 年 5 月 25 日。

顾杰：《城市空间增长与城市土地、住宅价格空间结构演变：理论分析与杭州经验》，经济科学出版社，2010，第 1 页。

顾杰：《城市增长与城市土地、住房价格空间结构演变——基于杭州市的实证检验》，博士学位论文，浙江大学，2006。

国家发展改革委城市和小城镇改革发展中心课题组：《中国城镇化2014 年度报告：转型、改革和创新》，中国发展出版社，2015。

国家发展和改革委员会：《国家新型城镇化报告 2016》，中国计划出版社，2017。

国家统计局编《中国统计年鉴 2016》，中国统计出版社。

韩纪江、任柏强：《借鉴开发权交易推行用地指标交易的理论评述与展望》，《湖北社会科学》2011 年第 7 期，第 90～94 页。

贺卫：《政府创租行为研究》，《上海交通大学学报》（社会科学版）2002 年第 1 期。

胡存智、官玉泉：《换地权益书的理论与实践初探》，《中国土地科学》1995 年第 5 期，第 19～22 页。

胡兰玲：《土地发展权论》，《河北法学》2002 年第 2 期，第 34～39 页。

黄忠：《浅议"地票"风险》，《中国土地》2009 年第 9 期，第36～39 页。

季楠：《"城乡建设用地增减挂钩"政策背景下村庄整合研究》，硕士学位论文山东建筑大学，2010，第 1 页。

国土资源部：《城乡建设用地增减挂钩试点管理办法》（国土资发〔2008〕138 号）。

江曼琦：《城市空间结构优化的经济分析》，人民出版社，2001。

姜海、夏燕榕、曲福田：《建设用地扩张对经济增长的贡献及其区域差异研究》，《中国土地科学》2009 年第 8（23）期，第 4～8 页。

蒋省三、刘守英、李青：《中国土地政策改革：政策演进与地方实施》，上海三联书店，2010。

靳相木、沈子龙：《新增建设用地管理的"配额—交易"模型——与排污权交易制度的对比研究》，《中国人口·资源环境》2010年第7期。

瞿志印、陈江强：《构建城乡统一土地管理制度的探讨》，《农业经济问题》2008年第12期，第93～96页。

〔美〕雷利·巴洛维：《土地资源经济学》，谷树中译，北京农业大学出版社，1992。

李建华、杨代雄：《我国土地用益物权体系的立法构造》，《当代法学》2004年第1期，第109页。

李世平：《土地发展权浅说》，《国土资源科技管理》2002年第2期，第102～107页。

林目轩、陈秧分：《大城市内部建设用地扩张差异及其原因——以长沙市区为例》，《经济地理》2006年第5期，第836～841页。

林燕华、毛良祥：《我国城市用地扩展与土地集约利用》，《国土与自然资源研究》2008年第3期，第27～29页。

刘超、王翠欣、李强：《新一轮市级土地利用总体规划非农建设用地指标分解》，《安徽农业科学》2007年第35期，第6200～6201页。

刘洪潮等：《外国要人名人看中国》，中共中央党校出版社，1993。

刘纪远、战金艳、邓祥征：《经济改革背景下中国城市用地扩展的时空格局及其驱动因素分析》，《人类环境杂志》2005年第34期，第444～449页。

刘俊：《农村宅基地使用权制度研究》，《西南民族大学学报》（人文社科版）2007年第3期，第121页。

刘莉君：《农村土地流转模式的绩效比较研究》，中国经济出版社，2011。

刘庆、张军连、张凤荣：《经济发达区集体非农建设用地流转初探——以农村宅基地为例》，《农村经济》2004年第2期。

刘忠庆、宋宪明、王西明、李秀强：《建设用地指标置换的问题及对策》，《中国土地》2005年第4期，第25～26页。

楼培敏主编《中国城市化：农民、土地与城市发展》，中国经济出版社，2004。

卢艳、崔燕平、程淑红：《中部地级以上城市用地扩张的时空分析》，《地域研究与开发》2008 年第 8 期，第 99～103 页。

卢祖丹、赵定涛、黄细兵：《建设用地置换的经济效益热点地区评定——基于安徽省的实证分析》，《中国工业经济》2009 年第 7 期，第 16～25 页。

陆铭：《建设用地指标可交易：城乡和区域统筹发展的突破口》，《国际经济评论》2010 年第 2 期。

〔美〕马丁·费尔德斯坦：《转变中的美国经济（下册)》，商务印书馆，1990。

马祖琦：《从"城市蔓延"到"理性增长"——美国土地利用方式之转变》，《城市问题》2007 年第 10 期，第 86～90 页。

茅于轼：《城市规模的经济学》，《江苏经济》2003 年第 4 期，第 13～15 页。

孟勤国：《物权法开禁农村宅基地交易之辩》，《法学评论》2005 年第 4 期。

民政部：《2010 年社会服务发展统计报告》，2010。

南京地政研究所：《中国土地问题研究》，中国科学技术大学出版社，1998。

邱道持、廖万林、廖和平：《小城镇建设用地指标配置研究》，《西南师范大学学报》（自然科学版）2002 年第 12 期，第 970～973 页。

邱士可、王莉：《城市规模与土地集约利用研究》，《地域研究与开发》2010 年第 29 期，第 110～113 页。

曲福田、谭荣：《中国土地非农化的可持续治理》，科学出版社，2010。

曲福田、吴丽梅：《经济增长与耕地非农化的库兹涅茨曲线假说及验证》，《资源科学》2004 年第 5 期，第 61～67 页。

任耀：《耕地发展权价格评估与交易机制研究》，《湖南师范大学》

2010 年第 6 期。

容志：《土地调控中的中央与地方博弈——政策变迁的政治经济学分析》，中国社会科学出版社，2010。

沈道齐：《城市化进程与城市用地扩展》，《中国土地问题研究》，1998，第 246~254 页。

宋娟：《城市扩张的内在动因——一个新古典分析框架》，《工业技术经济》2005 年第 6 期，第 120~121 页。

谈明洪、李秀彬：《我国城市用地扩张的驱动力分析》，《经济地理》2003 年第 5 期，第 635~639 页。

谈明洪、李秀彬、吕昌河：《1990 年代中国大中城市建设用地扩张及其对耕地的占用》，《中国科学 D 辑》，2003。

谈明洪、吕昌河：《城市用地扩展与耕地保护》，《自然资源学报》2005 年第 1 期，第 52~58 页。

谈明洪、吕昌河：《以建成区面积表征的中国城市规模分布》，《地理学报》2003 年第 3 期，第 285~293 页。

滕亚为：《户籍改革中农村土地退出补偿机制研究》，《国家行政学院学报》2011 年第 9 期。

藤田昌久、保罗·克鲁格曼、安东尼·J. 维纳布尔斯：《空间经济学——城市、区域与国际贸易》，梁琦译，中国人民大学出版社，2005。

田莉：《有偿使用制度下的土地增值与城市发展——土地产权的视角分析》，中国建筑工业出版社，2008。

王成艳、靳相木：《建设用地指标通过市场流转的探讨》，《国土资源科技管理》2008 年第 6 期，第 17~20 页。

王德起：《土地资产管理论》，首都经济贸易大学出版社，2009，第 69 页。

王桂新：《中日两国人口分布、迁移与城市化之比较》，《华东师范大学学报》2002 年第 2 期，第 2~3 页。

王守军、杨洪明：《农村宅基地使用权地票交易分析》，《财经科学》2009 年第 4 期，第 95~96 页。

吴兰波、王任艺、林广雄、何进祥、余建清：《中国城市建成区面积二十年的时空演变》，《广西师范学院学报》（自然科学版）2010 年第 12 期，第 60 ~ 64 页。

吴义茂：《建设用地挂钩指标交易的困境与规划建设用地流转——以重庆"地票"交易为例》，《中国土地科学》2010 年第 9 期，第 24 ~ 28 页。

伍豪、李江风、张徽：《不完全信息动态博弈模型在建设用地指标分配中的运用——以广西桂林市资源县为例》，《国土资源科技管理》2010 年第 2 期，第 113 ~ 117 页。

熊国平：《20 世纪 90 年代以来我国城市形态演变的总结》，《华中建筑》2010 年第 4 期。

许学强、周一星等：《城市地理学》，高等教育出版社，1997。

杨刚桥：《城镇用地扩张的影响分析》，《资源与环境》2004 年第 4 期，第 75 ~ 79 页。

杨上广：《中国大城市经济空间的演化》，上海人民出版社，2009。

袁铖：《城乡统筹发展背景下农村宅基地使用权流转问题》，《贵州财经学院学报》2009 年第 1 期，第 91 页。

岳晓武、雷爱先：《农民集体所有建设用地使用权流转若干问题》，《中国土地》2005 年第 12 期，第 9 ~ 11 页。

张鹏、刘春鑫：《基于土地发展权与制度变迁视角的城乡土地地票交易探索——重庆模式》，《经济体制改革》2010 年第 5 期，第 103 ~ 107 页。

张新生、何建邦：《城市空间增长与格局变化的预测》，《地理学与国土研究》1997 年第 8 期，第 12 ~ 20 页。

张雁：《建设用地指标存在问题的研究》，《南方国土资源》2008 年第 10 期，第 22 ~ 26 页。

张玉宝：《安徽省耕地占补平衡信息管理系统结构设计与开发》，《中国土地科学》2004 年第 8 期，第 56 ~ 64 期。

赵延龙、莫俊文：《城市土地置换开发及经济分析》，知识产权出版社，2007。

郑文含：《快速城市化地区中小城市建设用地指标探讨》，《现代城市研究》2007 年第 3 期，第 26 ～ 30 页。

中国发展研究基金会编《中国发展报告 2010：促进人的发展的中国新型城市化战略》，人民出版社，2010。

周一星：《城市地理学》，商务印书馆，1995，第 255 ～ 275 页。

周中举：《农村土地使用权实物交易和地票交易制度评析》，《经济体制改革》2011 年第 1 期。

朱红波：《建设用地指标分配的博弈分析》，《广东土地科学》2005 年第 6 期，第 20 ～ 22 页。

朱林兴：《从四个环节破解土地短缺难题》，《解放日报》2011 年 11 月 15 日。

朱岩：《"宅基地使用权"评释》，《中外法学》2006 年第 1 期。

朱英明、姚士谋、李玉见：《我国城市化进程中的城市空间演化研究》，《地理学与国土研究》2000 年第 5 期，第 12 ～ 16 页。

诸大建：《中国城市化：转变模式还是放慢速度》，《解放日报》2006 年 8 月 8 日。

祝楚华：《中国农村土地交易第一步》，《重庆日报》2009 年 4 月 29 日。

外文文献：

Abdel-Rahman, H. M. and Fujita, Masahisa, "Specialization and Diversification in a System of Cities", *Journal of Urban Economics*, 1993, 33 (2), pp. 159 – 184.

Abdel-Rahman, H. M., "Agglomeration Economies, Types and Sizes of Cities", *Journal of Urban Economics*, 1990, 27.

Alan Evans, *Economics, Real Estate and the Supply of Land*, Wiley Press, 2004.

Alcaly, Roger E., "Transportation and Urban Land Values: A Reviews of the Theoretical Literature", *Land Economics*, 1976 (52), pp. 42 – 53.

Anas Alex and Rong Xu, "Congestion, Land Use and Job Dispersion: A General Equilibrium Model", *Journal of Urban Economics*, 1999, 45 (3).

António Tavares, "Can the Market Be Used to Preserve Land-The Case for Transfer of Development Rights", *European Regional Science Association 2003 Congress*, 2003.

Berliant Marcus and Konishi Hideo, "The Endogenous Formation of a City: Population Agglomeration and Marketplaces in a Location-specific Production Economy", *Regional Science and Urban Economics*, 2000, 30 (3), pp. 289 – 324.

Blaug M. , *Economic Theory in Retrospect*, Cambridge University Press, 1998, pp. 596 – 612.

Bruecker, Jan K. , "Labor Mobility and the Incidence of the Residential Property Tax", *Journal of Urban Economics*, 1982 (10), pp. 173 – 182.

Chen Xiuqiong and Huang Fucai, "Temporal Change of Regional Disparity in Chinese in bound Tourism", *Acta Geographical Scienca*, 2006, 61 (12), pp. 1271 – 1280.

Dixit A. K. and Stieglitz J. E. , "Monopolistic Competition and Optimum Product Diversity", *American Economic Review*, 1977, 67, pp. 297 – 309.

Duranton Gilles, "Urbanization, Urban Structure and Growth", in Jean Marie Huriot and Jacques Fran ois Thisse, eds. , *Economics of Cities: Theoretical Perspectives*, Cambridge: Cambridge University Press, 2000, pp. 290 – 317.

Eberts, Randall, "An Empirical Investigation of Interurban Wage Gradients", *Journal of Urban Economics*, 1981, 10, pp. 50 – 60.

Esteban Rossi-Hansberg, "Optimal Urban Use and Zoning", *Review of Economic Dynamics*, 2004, 7 (1).

Ethier W. J. , "National and International Returns to Scale in the Modern Theory of International Trade", *American Economic Review*, 1982, 72 (3), pp. 389 – 405.

Fang Chuanglin and Liu Xiaoli, "Temporal and Spatial Difference and Imbalance of China's Urbanization Development during 1950 – 2006", *Journal of Geographical Science*, 2009, 19, pp. 719 – 732.

Fang Chuanglin, Song Jitao and Song Dunjiang, "Stability of Spatial Structure of Urban Agglomeration in China Based on Central Place Theory", *Chinese Geographical Science*, 2007, 17 (3), pp. 193 – 202.

Fischel, W. A. , "The Urbanization of Agriculture Land: A Review of the National Agricultural Lands Study", *Land Economics*, 1982, 58 (2), pp. 236 – 259.

Fujita M. , *Urban Economic Theory*, Cambridge University Press, 1989.

Fujita, M. , Krugman, P. and Venables, A. J. , *The Spatial Economy: Cities, Regions and International Trade*, MIT Press, 1999, pp. 6 – 9.

Gillham O. , *The Limitless City: A Primer on the Urban Sprawl Debate*, Washington, DC: Island Press, 2002.

Glaeser E. and J. Gyourko, "The Impact of Zoning on Housing Affordability", *Economics Policy Review*, 2003 (9).

Glaeser E. L. and Kahn M. E. , "Sprawl and Urban Growth", *Harvard Institute of Economic Research*, 2003.

Graeml, Karin, Sylvia and Alexandre Reis Graeml, "Urbanization Solutions of a Third World Country's Metropolis to Its Social Environment challenges", *Journal of urban Economics*, 2004, 8, pp. 36 – 51.

Hurwicz L. , "On Informational Decentralized Systems", *Decision and Organization*, 1972, pp. 297 – 336.

John F. McDonald, "Land Values in a Newly Zoned City", *Reviews of Economics and Statistics*, 2002, 84 (2).

Kettlewell Ursula, "Land Use Regulations as a Barrier to Business and Economic Development: Perceived vs. Actual", *Appraisal Journal*, 1984 (3), pp. 399 – 410.

Krugman P. , "Increasing Returns and Economic Geography", *Journal of

Political Economy, 1991 (99), pp. 483 – 499.

Lepers E. , Lambin E. F. , Janetos A. C. , et al. , "A Synthesis of Information on Rapid Landcover Change for the Period 1981 – 2000", Bioscience, 2005, 55 (2), pp. 115 – 124.

Lewis W. A. , "Economic Development with Unlimited Supply of Labor", The Manchester School of Economic and Social Studies, 1954, 47 (3), pp. 139 – 191.

Mori Hiroshi, "Land Conversion at the Urban Fringe: A Comparative Study of Japan, Britain and the Netherlands", Urban Studies, 1985, 35 (9), pp. 1541 – 1549.

Oates Wallace and Robert Schwab, The Impact of Urban Land Taxation: The Pittsburgh Experience, Cambridge, Mass: Lincoln Institute of Land Policy, 1992.

Peltzmann S. , "Towards a More General Theory of Regulation", Journal of Law and Economics, Vol. 19, 1976, pp. 210 – 240.

Pierre-Philippe Combes et al. , Economic Geography: The Integration of Regions and Nations, Princeton University Press, p. 26.

Ramer D. , Advanced Macroeconomics, Shanghai University of Finance & Economics Press, The McGraw-Hill Companies, 2001, pp. 37 – 41.

Samuelson P. A. , "The Transfer Problem and Transport Costs: The Terms of Trade When Impediments Are Absent", Economic Journal, 1952 (62), pp. 278 – 304.

Shoshany M. , Goldshleger N. , "Land-use and Population Density in Israel 1950 to 1990: Analysis of Regional and Local Trends", Land Use Policy, 2002, 19, pp. 123 – 133.

Shoshany M. , Goldshleger N. , "Land-use and Population Density in Israel 1950 to 1990: Analysis of Regional and Local Trends", Land Use Policy, 2002, 19, pp. 123 – 133.

Steven A. , et. al. , "A Multi-objective Optimization Approach to Smart

Growth in Land Development", *Socio-Economic Planning Sciences*, 2006, 40, pp. 212 – 248.

Tveitdal Stein, "Urban-Rural Interrelationship: Condition for Sustainable Development", *United Nations Environment Program*, 2004, 19 (2), pp. 145 – 167.

Wang Hui, Tao Ran and Tong Juer, "Trading Land Development Rights under a Planned Land Use System: The 'Zhejiang Model' and Its National Implications", *China & World Economiy*, 2009, 17 (1), pp. 1 – 17.

William C. Wheaton, "Real Estate 'Cycles': Some Fundamentals", *Real Estate Economics*, 1999, 27 (2).

William J. Stull, "Land Use and Zoning in an Urban Economy", *The American Economic Review*, 1974, 64 (3).

Wu, J., "Environmental Amenities and the Spatial Pattern of Urban Sprawl", *American Journal of Agricultural Economics*, 2001, 83 (3).

图书在版编目（CIP）数据

城市化与土地资本空间配置：中国城市建设用地指标市场交易研究 / 魏劭琨著 . -- 北京：社会科学文献出版社，2017.12

ISBN 978 - 7 - 5201 - 1960 - 3

Ⅰ.①城… Ⅱ.①魏… Ⅲ.①城市土地 - 土地利用 - 指标 - 市场交易 - 研究 - 中国 Ⅳ.①F299.232

中国版本图书馆 CIP 数据核字（2017）第 306315 号

城市化与土地资本空间配置

—— 中国城市建设用地指标市场交易研究

著　　者 / 魏劭琨

出 版 人 / 谢寿光
项目统筹 / 恽　薇　王婧怡
责任编辑 / 孔庆梅

出　　版 / 社会科学文献出版社 · 经济与管理分社（010）59367226
　　　　　　地址：北京市北三环中路甲 29 号院华龙大厦　邮编：100029
　　　　　　网址：www.ssap.com.cn
发　　行 / 市场营销中心（010）59367081　59367018
印　　装 / 三河市尚艺印装有限公司

规　　格 / 开　本：787mm × 1092mm　1/16
　　　　　　印　张：11.75　字　数：173 千字
版　　次 / 2017 年 12 月第 1 版　2017 年 12 月第 1 次印刷
书　　号 / ISBN 978 - 7 - 5201 - 1960 - 3
定　　价 / 69.00 元

本书如有印装质量问题，请与读者服务中心（010 - 59367028）联系